LINGUA COREANA per Principianti

IMPARA IL Coreano

IL MANUALE DI LINGUA COREANA PER PRINCIPIANTI

- ☑ Padroneggia l'alfabeto Hangul
- ☑ Capire come leggere, scrivere e parlare Coreano
- ☑ Guide dettagliate al suono e alla pronuncia
- ☑ Schemi dell'ordine dei tratti e consigli di scrittura
- ☑ Impara con esercitazioni di calligrafia e quiz

© Diritto d'autore 2022 Jennie Lee -
Tutti i diritti riservati

POLYSCHOLAR

www.polyscholar.com

**© Diritto d'autore 2022 Jennie Lee -
Tutti i diritti riservati**

Avviso Legale: Questo libro è protetto da copyright. Questo libro è solo per uso personale. Il contenuto di questo libro non può essere riprodotto, duplicato o trasmesso senza il permesso scritto diretto dell'autore o dell'editore. Non è possibile modificare, distribuire, vendere, utilizzare, citare o parafrasare qualsiasi parte del contenuto di questo libro, senza il consenso dell'autore o dell'editore.

INDICE

1	Introduzione	4
	Come usare questo libro	4
	Nozioni di base	5
	Per iniziare	8
	Sillabe e regole	10
	Consigli di scrittura	12
2	Impara le basi dell'alfabeto hangul	16
3	Riepilogo e pratica	41
4	Lettere composte	49
5	Consonanti complesse e finali	77
6	Pronuncia e cambiamenti di suono	89
7	Parole utili e glossari	101
8	Tabelle di riferimento e risposte	123
9	Esercizi aggiuntivi	129
10	Flashcard	142

Suggerimento: *Questo libro funziona meglio con penne gel, matite, biro e supporti simili. Prestare attenzione ai pennarelli e all'inchiostro, poiché i supporti pesanti o bagnati possono provocare sbavature o passare alle pagine seguenti.*

Qui troverai alcune caselle di prova per verificare quanto saranno adatte le tue penne:

COME USARE QUESTO LIBRO

La chiave per imparare una nuova lingua straniera più velocemente è **ripetere, ripetere e ancora ripetere!** Man mano che andrai avanti in questo libro troverai molte griglie vuote, una varietà di esercizi di scrittura e quiz rapidi alla fine di ogni sezione, dove potrai mettere in pratica ciò che hai imparato.

Nelle ultime pagine del libro abbiamo inserito esercizi di scrittura più avanzati e una selezione di vocaboli utili ad ampliare la tua nuova conoscenza dell'hangul. Questo manuale è stato pensato per essere scritto (e scarabocchiato), ma sentiti libero di fotocopiare le pagine (solo per uso personale) se preferisci esercitarti sulla scrittura separatamente.

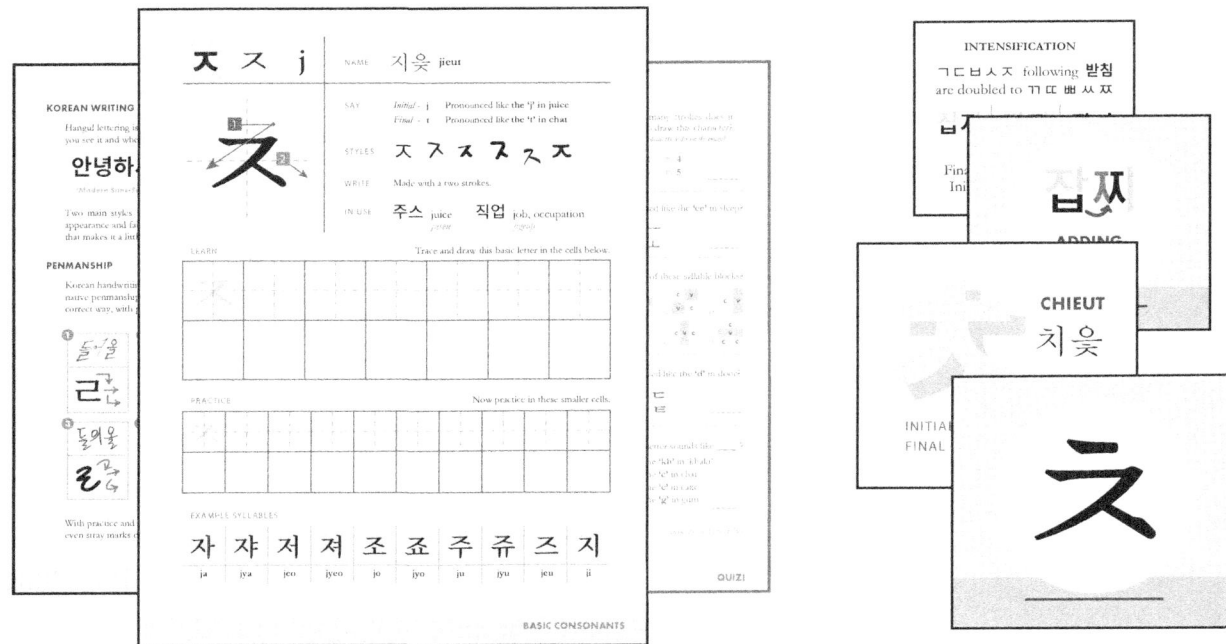

IMPARA, MEMORIZZA E PRATICA IL TUO HANGUL   **CON TANTE FLASHCARD**

Abbiamo pensato di aggiungere anche una serie di pagine con pratiche griglie vuote, che potrai riempire con i caratteri hangul una volta che avrai imparato a formare le sillabe e a scrivere le parole! Anche in questo caso, se lo riterrai più comodo, potrai copiarle e usarle dove e come preferisci.

Nella parte conclusiva del manuale troverai tante flashcard da poter fotocopiare o ritagliare. Le flashcard sono un ottimo strumento per memorizzare i simboli e mettere alla prova le tue conoscenze. Ci raccomandiamo di aiutare gli studenti più giovani nel ritagliarle!

INTRODUZIONE

Imparare a leggere, a scrivere e a parlare in coreano può sembrare un'impresa impossibile, ma noi ci siamo impegnati al massimo per progettare un manuale pratico che renderà lo studio più facile e veloce!

La prima difficoltà nell'apprendimento del coreano è sicuramente l'alfabeto, chiamato hangul. Avrai sicuramente già notato che è formato da lettere del tutto diverse da quelle degli alfabeti occidentali. Dunque, non dovrai solo imparare una nuova lingua ma anche una forma di scrittura completamente nuova!

Ben presto però ti accorgerai che il sistema linguistico coreano è, in realtà, molto più semplice di quanto possa sembrare. Questo manuale ti insegnerà tutto il necessario sull'alfabeto hangul e siamo certi che riuscirai con successo a leggere, a scrivere e a parlare questa bellissima lingua orientale! *Fantastico, vero?*

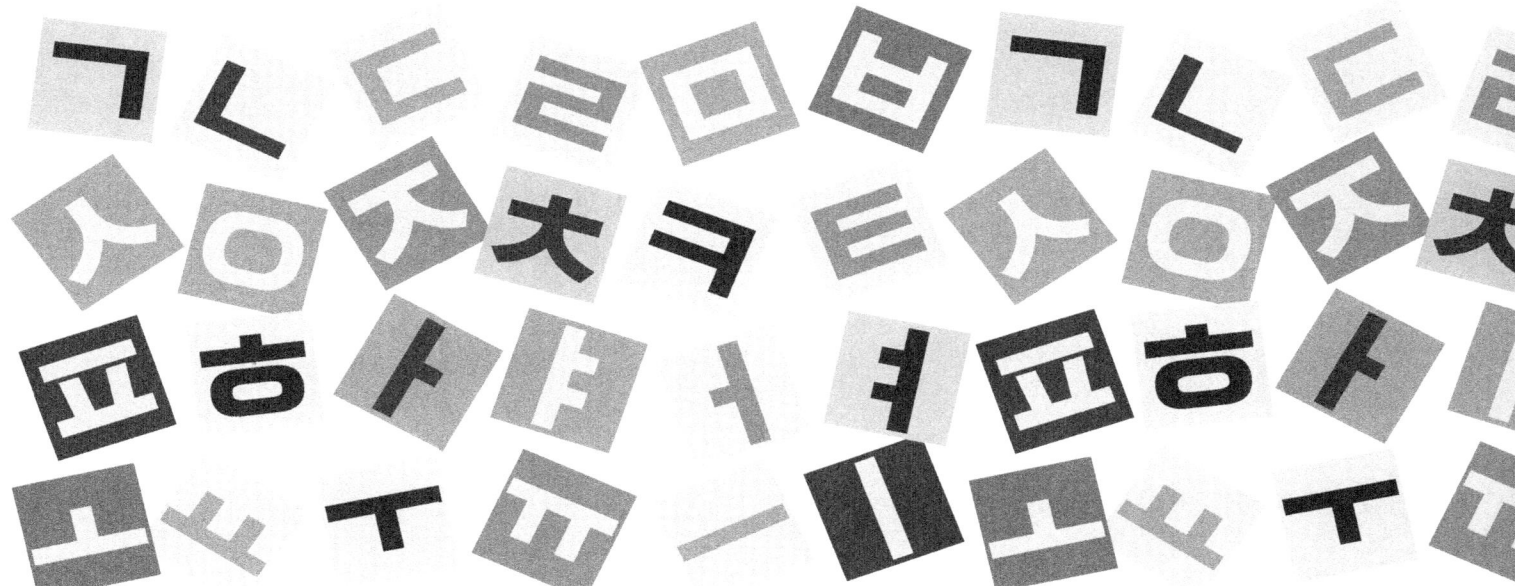

La parola **hangul** definisce sia l'alfabeto sia il sistema di scrittura usato in tutta la Corea. Il nome è composto da due parole coreane, **han (한) e geul (글),** che si traducono letteralmente come **"grande scrittura";** ma poiché la parola **han** denota anche la Corea in generale, può essere tradotto anche come "scrittura coreana". Proprio come l'alfabeto italiano, anche l'hangul si compone di consonanti e vocali, quindi è solo la forma delle lettere a essere diversa!

CENNI STORICI

Fino alla metà del 1400 il popolo coreano ha utilizzato una scrittura che univa antichi caratteri cinesi e nativi basati sulla fonetica. C'erano (e ci sono ancora) una varietà di caratteri cinesi molto particolari, che rendevano la lingua difficile da imparare e da utilizzare nella quotidianità. Saper parlare e scrivere il coreano ufficiale richiedeva un certo livello d'istruzione, motivo per cui era scritto e parlato solo dai membri delle classi privilegiate. Al contrario, le fasce più povere e meno abbienti della popolazione non potevano accedere neanche a un livello di educazione elementare.

Per promuovere e incoraggiare il programma di alfabetizzazione su ampia scala, il re **Sejong il Grande** si impegnò nella creazione di un sistema linguistico tutto nuovo, che fosse più semplice, intuitivo e facile da imparare…

…è così che nacque l'alfabeto hangul in uso oggi!

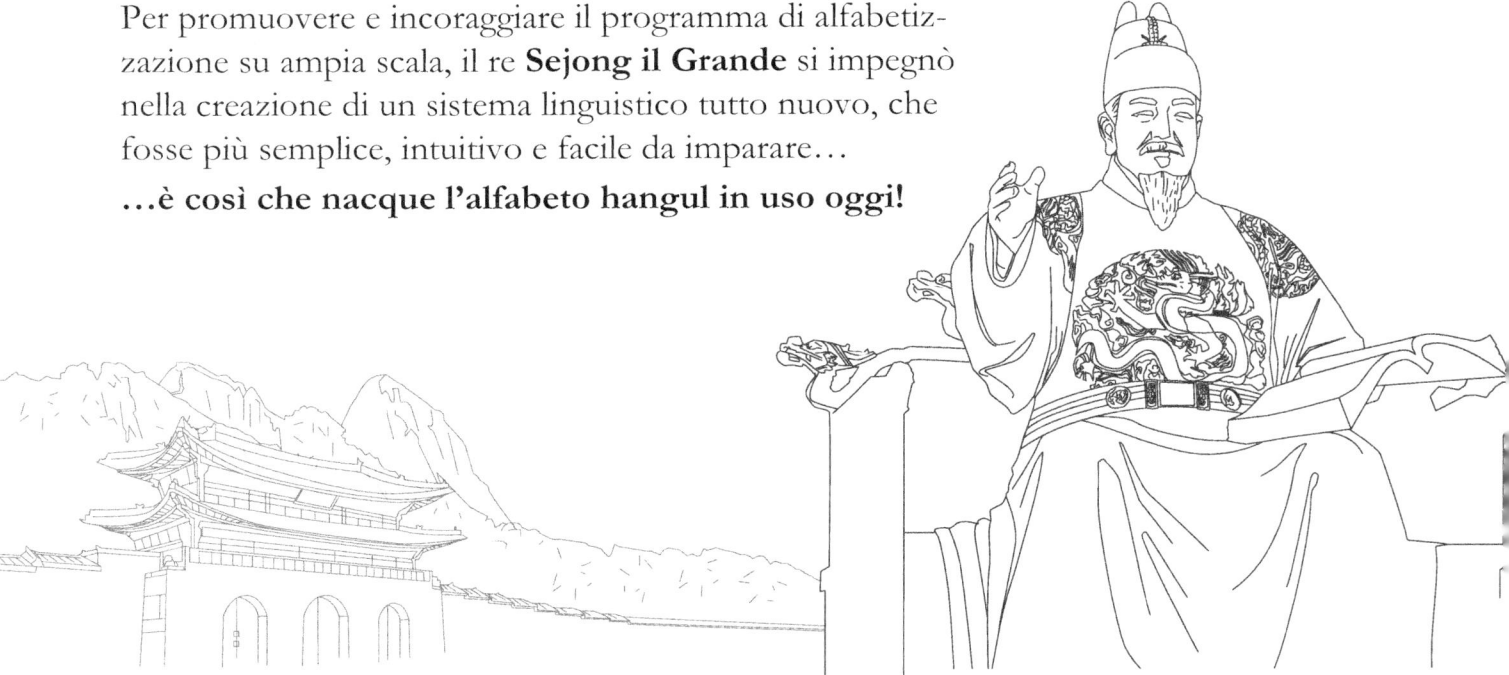

IMPARARE IL COREANO

Quando si inizia a imparare la lingua coreana si tende spesso a cercare parole o frasi legate a un contesto specifico, provando a memorizzarne la pronuncia. Questo approccio può risultare efficace per un apprendimento a breve termine, ma prima o poi arriverà il momento in cui dovrai leggere e scrivere usando la scrittura nativa, e a quel punto ti ritroveresti a dover ricominciare da zero. Non c'è modo di evitarlo!

É dunque di fondamentale importanza iniziare dall'alfabeto. Imparando dapprima ciascuna delle lettere hangul, e non parole o frasi isolate, sarai presto in grado di comprendere il coreano!

L'HANGUL È SEMPLICE!

Diversamente dal sistema linguistico cinese e giapponese, ciascuno formato da *migliaia* di caratteri kanji semplici e composti, la lingua coreana è molto più facile e intuitiva:

蔵 儀 遵 帰	한글 (ㅎㅏㄴㄱㅇㄹ)
Singoli caratteri kanji possono racchiudere intere parole e talvolta diversi significati, motivo per cui devono essere necessariamente imparati a memoria.	*La lingua coreana, invece, presenta un alfabeto semplificato che la rende molto più semplice da imparare: si legge, si scrive e si parla lettera per lettera!*

Esistono alcuni caratteri cinesi kanji, in uso nella quotidianità, che sono formati da ben 15 tratti separati, mentre altri caratteri meno comuni contano addirittura dai 20 agli 84 tratti!! La buona notizia è che le lettere hangul più complicate sono al massimo formate da soli cinque tratti.

ROMANIZATION

Inizialmente, accanto a tutte le lettere e alle parole coreane che studieremo, troverai la loro trascrizione latina, ovvero i caratteri hangul riscritti con le lettere del nostro alfabeto. Questo sistema permette di associare a ogni simbolo il suono corrispondente, facilitando la comprensione della giusta pronuncia.

Tuttavia, bisogna considerare che in molti casi le lettere coreane non hanno un suono equivalente in italiano e questo metodo potrebbe confonderci un po' le idee. Per evitare che ciò accada, ci impegneremo sin da subito a imparare l'alfabeto hangul, così da poter fare a meno della trascrizione latina quanto prima. Non sarà una passeggiata ma ne varrà la pena, fidati di me!

LA PRONUNCIA

Questo manuale non ti insegnerà solamente a riconoscere e a scrivere i caratteri dell'alfabeto hangul, ma anche la loro pronuncia! Se vorrai imparare presto a parlare coreano ti suggeriamo di ripetere più volte e ad alta voce tutte le parole che incontrerai in queste pagine. Solo con la pratica riuscirai a sviluppare un accento da vero madrelingua, ma ciò richiede molto studio e tempo. Ti suggeriamo di iniziare a guardare e ad ascoltare i canali televisivi coreani con i sottotitoli non appena avrai acquisito familiarità con l'alfabeto hangul.

Nota bene: questo manuale offre solo un'introduzione alla pronuncia, che sarebbe l'ideale approfondire con esercizi di ascolto. Nelle pagine dedicate alle esercitazioni pratiche, per facilitare la comprensione dei suoni, troverai anche esempi di parole italiane e inglesi.

PER INIZIARE

L'alfabeto **hangul** si compone di **24 lettere semplici** che vengono poi combinate per creare tutti i simboli e i caratteri che formano le parole. Insieme impareremo solo **14 consonanti e 10 vocali semplici. Iniziamo!**

LE CONSONANTI SEMPLICI

Le consonanti semplici dell'alfabeto hangul sono state definite a partire dalla loro fonazione, ovvero la forma e la posizione assunta da laringe, bocca, lingua e labbra nel momento in cui i suoni vengono pronunciati ad alta voce:

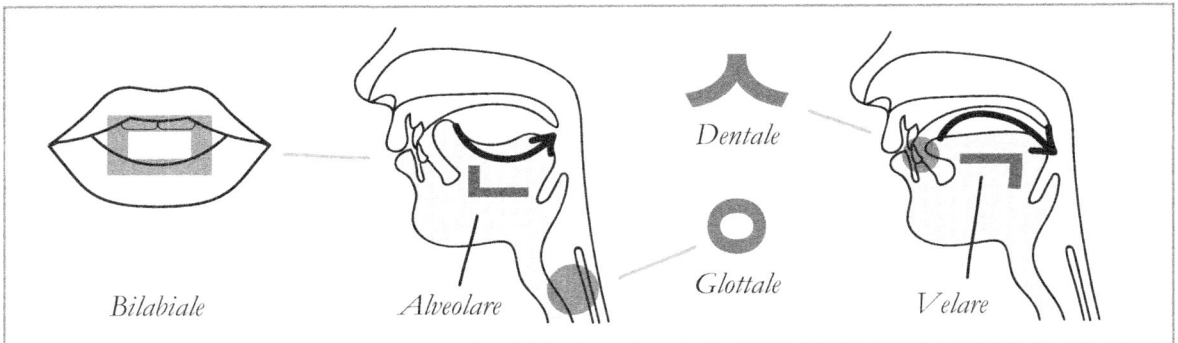

Dopo aver stabilito le prime cinque lettere, le altre consonanti furono create semplicemente aggiungendo nuovi tratti. L'alfabeto hangul, come quello italiano, si presenta in ordine - per l'appunto - alfabetico, ma in questo manuale abbiamo pensato per te un metodo di apprendimento più efficace che raggruppa e cataloga le lettere in base alla forma.

Hangul	ㄱ	ㅋ	ㄴ	ㄷ	ㅌ	ㅁ	ㄹ
Trascrizione latina	g/k	k	n	d/t	t	m	r/l

Hangul	ㅂ	ㅍ	ㅅ	ㅈ	ㅊ	ㅇ	ㅎ
Trascrizione latina	b/p	p	s	j/ch	ch	-/ng	h

Attenzione: spesso i caratteri hangul si pronunciano diversamente a seconda dell'uso e le lettere latine non sono sempre in grado di fornire un equivalente preciso di questi suoni.

Le lettere semplici dell'alfabeto hangul

LE VOCALI SEMPLICI

Per la creazione delle vocali semplici si trovò ispirazione nella forma della Terra *(Yin)*, del Cielo *(Yang)* e dell'Umanità *(L'uomo quale mediatore tra questi due poli)*.

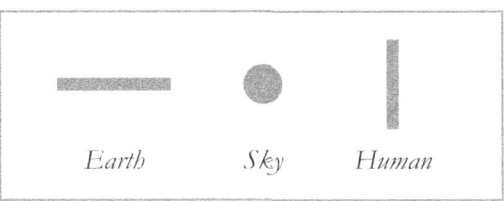

Il punto, che rappresenta il paradiso *(a forma di sole o stella)*, nell'hangul moderno si è unito ad altre forme ed è stato sostanzialmente sostituito da un breve tratto.

I nomi delle vocali ricalcano i suoni che rappresentano. Noterai che alcune di esse assumono una forma **"verticale"** più alta *(vedi la tavola in basso)*, altre una forma **"orizzontale"** e più piatta:

Le vocali *"verticali"* sono sempre precedute da una consonante e quindi occupano il lato destro della sillaba.

Le vocali *"orizzontali"*, invece, si posizionano direttamente sotto la consonante precedente.

Le vocali e le consonanti, da sole, non hanno alcun valore, pertanto devono essere sempre affiancate da almeno un'altra vocale o consonante. Dall'unione di due o più lettere si originano le sillabe e i vari suoni. Ad esempio, la sola lettera ㄱ non ha alcun valore fonetico, ma aggiungendo la vocale ㅏ si ottiene la sillaba 가. (traslitterata 'ga' e pronunciata 'gah', con un suono finale aspirato).

ㄱ + ㅏ = 가

ㅂ + ㅛ = 뵤

At a minimum, 1 consonant + 1 vowel = 1 syllable

I BLOCCHI SILLABICI

Come abbiamo visto nel riquadro in fondo alla pagina precedente, le parole coreane si scrivono in "blocchi", ciascuno contenente una sillaba. Ogni sillaba, a sua volta, rappresenta un suono. I **blocchi sillabici** dunque nascono dall'unione delle singole lettere dell'alfabeto che abbiamo studiato prima. Ad esempio:

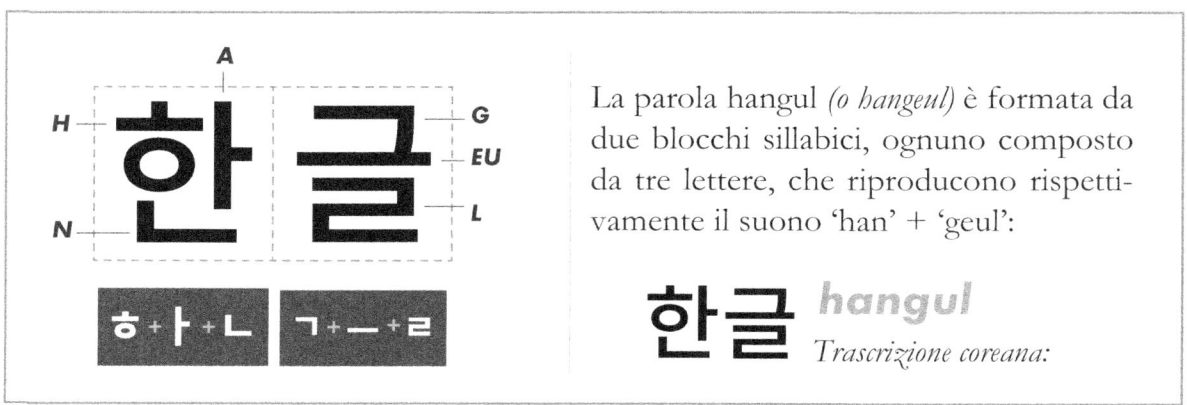

La parola hangul *(o hangeul)* è formata da due blocchi sillabici, ognuno composto da tre lettere, che riproducono rispettivamente il suono 'han' + 'geul':

한글 *hangul*
Trascrizione coreana:

POCHE, SEMPLICI REGOLE

Una volta che avrai imparato tutte le lettere e memorizzato qualche semplice regola sulla formazione dei blocchi sillabici, potrai sostanzialmente leggere e scrivere il coreano! *Sembra quasi troppo facile, vero?*

1. I blocchi sillabici sono formati **sempre da almeno due lettere.**

2. Ogni sillaba **inizia con una consonante, seguita sempre da una vocale.**

3. Ogni sillaba **si scrive all'interno di blocco quadrato.**

4. All'interno del blocco le lettere si schiacciano o si allungano per far sì che tutte occupino **più o meno lo stesso spazio.**

In coreano esistono, in teoria, migliaia di possibili sillabe e combinazioni, ma non lasciarti spaventare! In tutta probabilità non incontrerai mai sillabe con più di quattro e, imparando prima le lettere dell'alfabeto, sarete in grado di comprendere ogni singola sillaba con facilità. E a pensarci bene, questo è lo stesso, identico metodo che abbiamo usato da da bambini per imparare a leggere e a scrivere in italiano: attraverso l'apprendimento dell'alfabeto e del sistema con cui le lettere si combinano e interagiscono per creare sillabe e suoni.

COSTRUIAMO LE SILLABE

La struttura di un blocco sillabico è determinata dalla forma della vocale e dal numero di lettere presenti al suo interno. Ricordi che le vocali possono avere una forma **verticale o orizzontale e che sono sempre precedute da una consonante?**

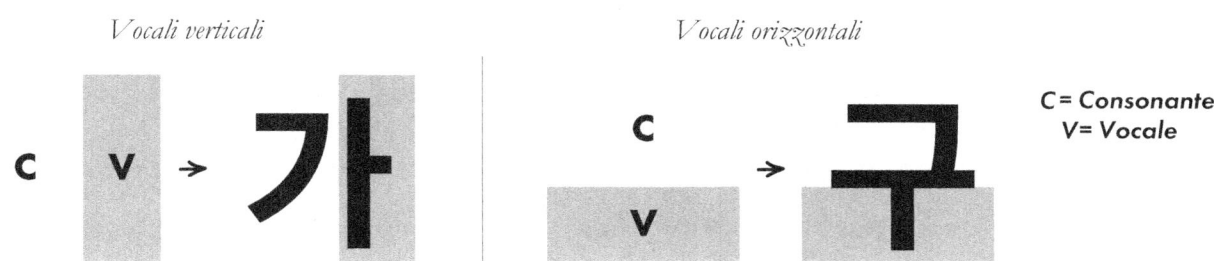

Se nel blocco sillabico ci sono anche una terza e una quarta lettera, queste occupano lo spazio sottostante le prime due, sempre da sinistra verso destra. Esempi:

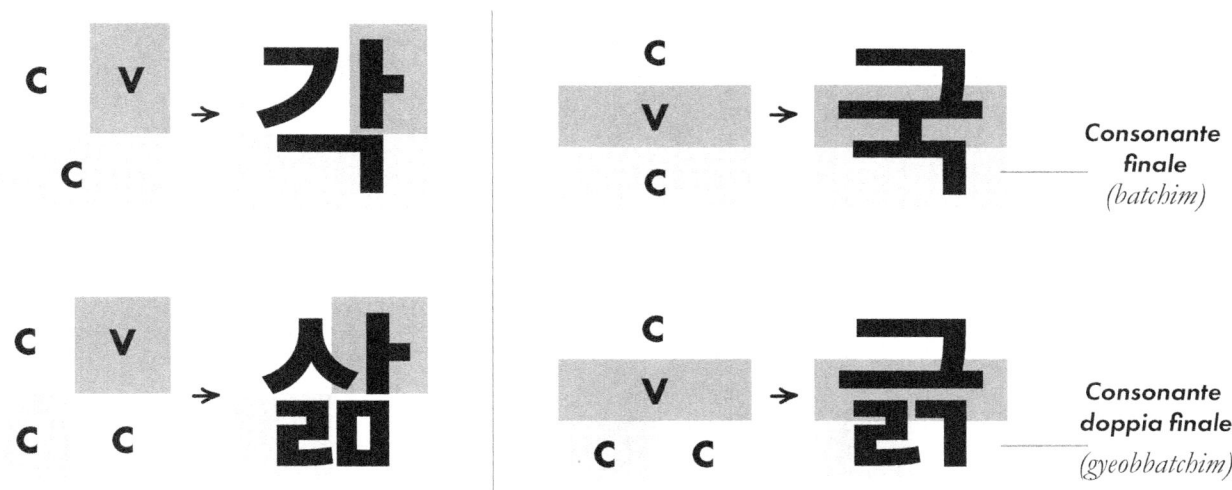

Le consonanti che occupano l'ultimo spazio del blocco sillabico sono chiamate batchim 받침 o '*consonanti finali*'. Quando avrai acquisito maggiore familiarità con la scrittura coreana saprai riconoscerle facilmente, ma per il momento ci limiteremo ad accennare qualche parola a riguardo.

I batchim 받침 (che letteralmente significa 'supporto') sono una peculiarità esclusiva della grammatica coreana. In generale, sono consonanti che cambiano pronuncia quando compaiono in fondo alla sillaba. Le vocali non possono essere **batchim**, quindi i suoni vocalici che imparerai in questo manuale non sono mai soggetti a variazioni!

LA REGOLA FONDAMENTALE DELLE VOCALI

Abbiamo imparato che ogni sillaba inizia sempre con una consonante e che è formata da almeno due lettere. *E se un suono sillabico dovesse iniziare per vocale?* In realtà, si tratta di un caso piuttosto frequente nei 한글, ma se imparerai questa regola tanto facile quanto essenziale non avrai problemi. Assodato che le lettere non compaiono mai singolarmente, vediamo insieme la regola fondamentale delle vocali:

Se una sillaba inizia per vocale aggiunge la consonante muta ㅇ.
Quando questa lettera compare all'inizio di una sillaba come consonante iniziale, infatti, funge solo da supporto e non produce alcun suono.
La regola da memorizzare, dunque, è: **le vocali non si scrivono mai da sole!**

La parola coreana per alligatore è l'esempio perfetto per dimostrare questa regola:

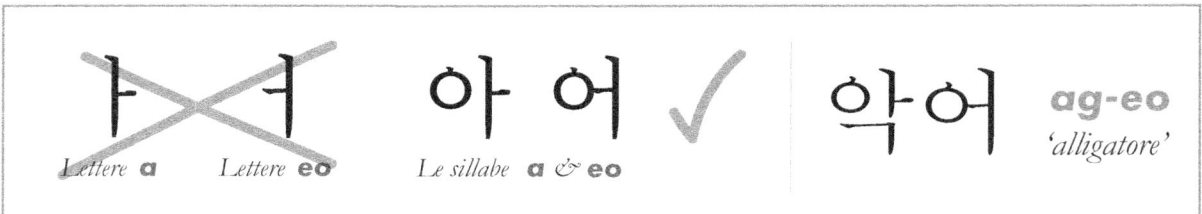

LA FORMA DELLE LETTERE

Alcune lettere possono assumere una forma leggermente diversa in base alla posizione che occupano all'interno del blocco sillabico. Ne è un esempio la lettera ㄱ (chiamata giyeok), che viene spesso allungata, appiattita e schiacciata per adattarla alle altre lettere. La forma di una lettera è dunque determinata dalla forma delle altre lettere che compongono la sillaba:

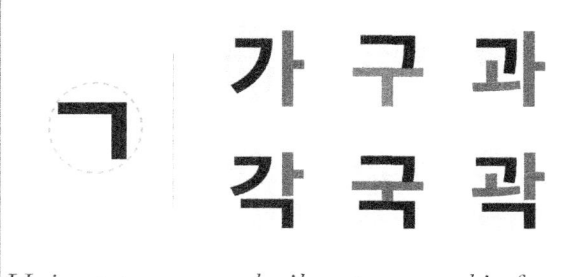

Hai notato come anche il contorno cambia forma?

La forma delle lettere non segue regole rigide e tende a variare soprattutto quando sono scritte a mano. È fondamentale ricordare che le lettere si disegnano seguendo un numero e un ordine preciso di tratti che garantiscono loro una forma univoca.

Gli stessi cambiamenti di forma avvengono indipendentemente dal carattere o dallo stile di scrittura, ad esempio: ㄱ+ ㅣ .기 기and=기
(*Altre lettere con stili grafici alternativi sono* ㅈ, ㅊ, ㅉ, ㄹ *and* ㅎ)

Suggerimenti per la scrittura

SCRIVERE E LEGGERE

Una volta il coreano si scriveva verticalmente, come ad esempio il cinese o il giapponese, ma sembra che questa pratica fosse limitata ai documenti più antichi e ufficiali. Se dovessi imbatterti nella grafia verticale, è probabile che si tratti di una scelta puramente grafica, come capita spesso di vedere anche sulle insegne o sui segnali stradali. Il coreano moderno si scrive principalmente in orizzontale.

Studiando le sillabe abbiamo imparato che i blocchi sillabici si scrivono lettera per lettera partendo dall'alto a sinistra e procedendo verso il basso a destra, e che le parole sono sempre separate da uno spazio. *Facile, no?*

Lo stesso logico meccanismo vale per la lettura. Si pronuncia ogni singola lettera sempre da sinistra a destra e dall'alto verso il basso man mano che lo sguardo si sposta attraverso i vari blocchi che compongono le parole. Vedrai che con la giusta pratica riuscirai presto a farlo spontaneamente. Nel leggere l'ultima lettera di una sillaba, con il tempo, inizierai anche a fondere alcuni suoni con quelli della sillaba seguente. E un giorno, in men che non si dica, ti accorgerai di aver imparato a leggere e a pronunciare un testo coreano!

L'ORDINE DEI TRATTI

Le lettere e le sillabe hangul si scrivono seguendo un ordine specifico abbastanza semplice da memorizzare. Anche i tratti si disegnano sempre a partire dall'estremità in alto a sinistra fino alla base destra:

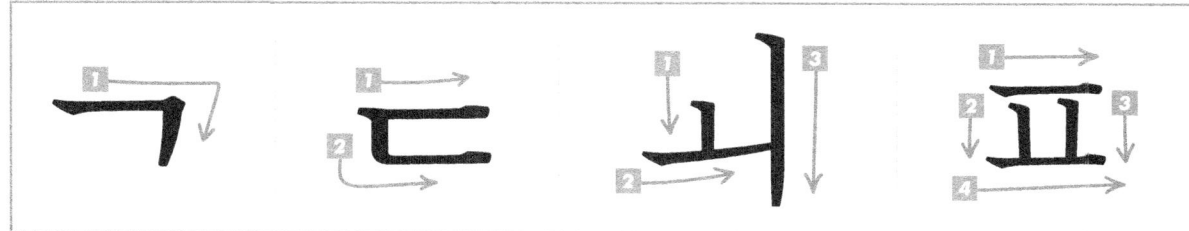

Apprendere il corretto ordine dei tratti è essenziale per poter scrivere il coreano in maniera precisa e facile da leggere. Se non osservi il giusto ordine, la tua scrittura potrebbe essere fraintesa o risultare del tutto incomprensibile. **È decisamente più facile imparare l'ordine dei tratti all'inizio e non doverlo correggere in seguito!**

Originariamente disegnati con pennello e inchiostro, ogni tratto è stato creato intenzionalmente per ottenere forme equilibrate e una scrittura altamente leggibile. *Questo sistema di scrittura fu pensato anche per fini pratici, poiché permetteva di non sbavare il foglio e di sporcarsi le mani d'inchiostro!*

CARATTERI E ASPETTO

Le lettere hangul si mostrano spesso in forme diverse, dipendentemente dal contesto e dal modo in cui sono state scritte: digitale, a mano o stampate.

안녕하세요   안녕하세요

'Carattere "Sans-Serif" moderno'   'Carattere " Serif" tradizionale'

In questo libro abbiamo deciso di utilizzare due stili: il carattere *sans-serif* moderno dalle linee nette e di uso comune, e un carattere *serif* più tradizionale, che sembra scritto a mano e permette di scorgere più facilmente l'ordine dei tratti.

SCRIVERE A MANO

La grafia coreana non richiede necessariamente dei tratti netti, infatti avrai spesso modo di notare che raramente le scritte presentano linee perfette! L'unico modo per comprendere qualsiasi scritta hangul è seguire il giusto ordine dei tratti.

Osserva i quattro esempi qui a sinistra e nota come la lettera ㄹ assume ogni volta una forma diversa. Anche le lettere degli ultimi esempi, nonostante siano scritte in maniera decisamente meno definita, sono comunque riconoscibili.

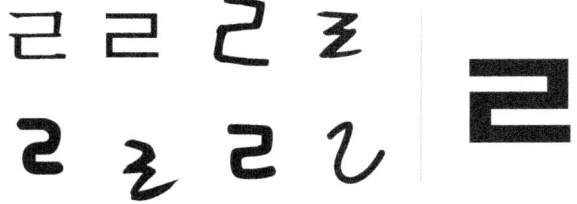

In questo manuale, nelle pagine dedicate alla pratica abbiamo inserito diversi stili per ogni lettera ed esempi scritti a mano da usare come riferimento.

Con la pratica e l'esperienza riuscirai presto a riconoscere i movimenti eseguiti dalla penna, e perfino quei segni che inizialmente ti sembreranno casuali, un giorno ti saranno di supporto alla lettura. *La vera grafia coreana non è fatta di cerchi e quadrati perfetti!*

LA PRONUNCIA

Alcune lettere dell'alfabeto hangul hanno più di una pronuncia e il loro suono può quindi essere traslitterato in caratteri latini usando diverse lettere. *Lo hai notato a pagina 8?* Spesso questo fenomeno non ha una spiegazione, motivo per cui rappresenta uno degli aspetti della lingua in cui i principianti incontrano maggiori difficoltà. Pagina dopo pagina imparerai molto sulla pronuncia coreana, ma per il momento sarà sufficiente accennare solo alle regole basilari:

"**Pronunce diverse**" vuol dire suoni diversi per una stessa lettera. Il coreano presenta quattro tipologie di suoni a cui bisogna prestare molta attenzione: **piano, sonoro, aspirato e teso.**

> I suoni **aspirati/non** aspirati dipendono da quanta aria viene espulsa dalla bocca mentre si parla. La pronuncia aspirata richiede sempre una quantità d'aria maggiore rispetto ai suoni non aspirati. Posiziona la mano davanti alla bocca e prova a dire la parola "tappo". Senti dell'aria toccare la tua mano quando pronunci la lettera "p"?

> I suoni **tesi** non sono altro che una versione più potente ed esplosiva dei suoni aspirati.

> I suoni **sonori** o sordi, invece, variano in base all'intensità della vibrazione prodotta dall'aria mentre transita nella laringe. Poggia un dito sulla gola all'altezza delle corde vocali e pronuncia prima un lungo "sss" e poi "zzz". *Senti la differenza?*

Osserva la tabella qui in basso. Le lettere inserite in ogni colonna si pronunciano con forza e tono crescenti; ogni suono sarà quindi più duro e più acuto di quello della colonna precedente.

Piano (Sonoro o sordo)	ㄱ g/k	ㄷ d/t	ㅂ b/p	ㅈ j/ch
Aspirato	ㅋ k	ㅌ t	ㅍ p	ㅊ ch
Teso	ㄲ gg/kk	ㄸ dd/tt	ㅃ bb/pp	ㅉ jj

Come già accennato, ad alcune lettere è associato più di un carattere latino poiché possono essere pronunciate diversamente in base al modo e al luogo in cui ricorrono all'interno della parola. Ma attenzione, a cambiare è solo l'articolazione. La forma e l'ortografia della lettera rimangono invariate.

Molti studenti ritengono che la *latinizzazione* dei caratteri non sia un metodo adatto alla rappresentazione dei suoni hangul. Quando vengono trascritte in termini latini, in effetti, molte consonanti diventano troppo simili tra loro e quindi difficili da distinguere. Sebbene questa modalità aggiunga un velo di difficoltà e confusione, è purtroppo impossibile farne a meno nelle prime fasi di apprendimento della lingua. Con il tempo e l'esperienza affinerai la capacità di distinguere i suoni e *ti suggeriamo di iniziare ad ascoltare quanti più discorsi in coreano non appena avrai imparato l'alfabeto hangul!*

Parte 2

IMPARIAMO I SUONI HANGUL

ㄱ ㄱ g

NOME	기역 giyeok

PRONUNCIA
Iniziale - **g**   Pronunciato come la **"g"** in gomma
Finale - **k**   Pronunciato come la **"c"** in tacco

CARATTERI ㄱ ㄱ ㄱ ㄱ ㄱ ㄱ

SCRIVERE Si scrive con un singolo tratto.

ESEMPI   개 Cane   가족 Famiglia
             gae   *gajok*

IMPARA

Disegna questa lettera nelle celle qui in basso

ESERCITATI

Adesso prova a disegnare lo stesso carattere in questi spazi più piccoli.

ESEMPI DI SILLABE

가	야	거	겨	고	교	구	규	그	기
ga	gya	geo	gyeo	go	gyo	gu	gyu	geu	gi

17

ㅋ ㅋ k

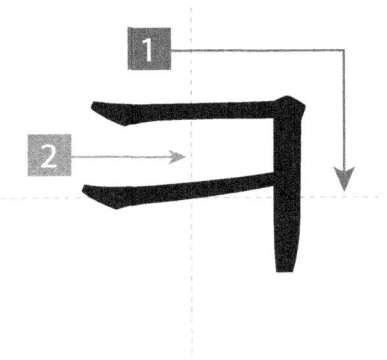

NOME	키읔 kieuk
PRONUNCIA	*Iniziale* k Pronunciato come **la "c" in chiaro**
	Finale- k Pronunciato come **la "c" in casa**
CARATTERI	ㅋ ㅋ ㅋ ㅋ ㅋ ㅋ
SCRIVERE	Si scrive con due tratti.
IN ESEMPI	코 naso 부엌 cucina 컵 tazza
	ko *bueok* *keob*

IMPARA

Disegna questa lettera nelle celle qui in basso

ESERCITATI

Adesso prova a disegnare lo stesso carattere in questi spazi più piccoli.

ESEMPI DI SILLABE

카	캬	커	켜	코	쿄	쿠	큐	크	키
ka	kya	keo	kyeo	ko	kyo	ku	kyu	keu	ki

ㄴ ㄴ n

NOME 니은 nieun

PRONUNCIA
- *Iniziale* n — Pronunciato come La "n" in no
- *Finale-* n — Pronunciato come La "n" in cane (più dolce)

CARATTERI ㄴ ㄴ ㄴ ㄴ ㄴ ㄴ

SCRIVERE Si scrive con un singolo tratto.

IN ESEMPI 안녕 ciao (colloquiale) *annyeong*   돈 Soldi *don*

IMPARA
Disegna questa lettera nelle celle qui in basso

ESERCITATI
Adesso prova a disegnare lo stesso carattere in questi spazi più piccoli.

ESEMPI DI SILLABE

나	냐	너	녀	노	뇨	누	뉴	느	니
na	nya	neo	nyeo	no	nyo	nu	nyu	neu	ni

ㄷ ㄷ d

NOME 디귿 digeut

PRONUNCIA
- *Iniziale* **d** — Pronunciato come La "d" in duomo
- *Finale-* **t** — Pronunciato come La "t" in torta

CARATTERI ㄷ ㄷ ㄷ ㄷ ㄷ ㄷ (più dolce)

SCRIVERE Si scrive con due tratti.

IN ESEMPI 구두 Scarpe *kudu* 바다 Mare, oceano *bada*

IMPARA

Disegna questa lettera nelle celle qui in basso

ESERCITATI

Adesso prova a disegnare lo stesso carattere in questi spazi più piccoli.

ESEMPI DI SILLABE

다	댜	더	뎌	도	됴	두	듀	드	디
da	dya	deo	dyeo	do	dyo	du	dyu	deu	di

ㅌ   E   t

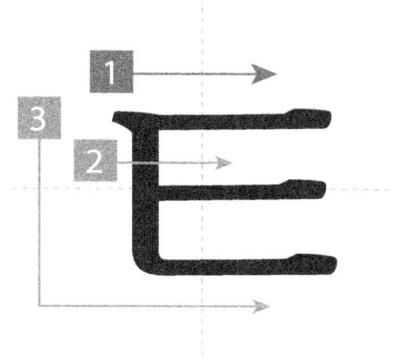

NOME 티읕 tieut

PRONUNCIA
- *Iniziale* t — Pronunciato come La "t" in torre
- *Finale-* t — Pronunciato come La "t" in notte

CARATTERI ㅌ ㅌ ㅌ ㅌ ㅌ ㅌ

SCRIVERE Si scrive con tre tratti.

IN ESEMPI 토요일 Sabato   튀김 Cibo fritto
toyoil   *twigim*

IMPARA
Disegna questa lettera nelle celle qui in basso

ESERCITATI
Adesso prova a disegnare lo stesso carattere in questi spazi più piccoli.

ESEMPI DI SILLABE

타	탸	터	텨	토	툐	투	튜	트	티
ta	tya	teo	tyeo	to	tyo	tu	tyu	teu	ti

ㄹ ㄹ r/l

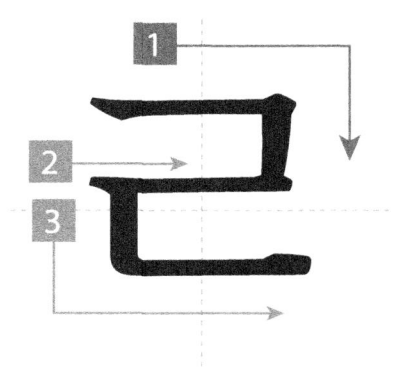

NOME 리을 rieul

PRONUNCIA
- *Iniziale* r — Pronunciato come La "r" in rana
- *Finale-* l — Pronunciato come La "l" in sole (più dolce)

CARATTERI ㄹ ㄹ ㄹ ㄹ ㄹ ㄹ

SCRIVERE Si scrive con tre tratti.

IN ESEMPI 라면 Spaghetti ramen *ramyeon*   주말 Fine settimana *jumal*

IMPARA
Disegna questa lettera nelle celle qui in basso

ESERCITATI
Adesso prova a disegnare lo stesso carattere in questi spazi più piccoli.

ESEMPI DI SILLABE

라	랴	러	려	로	료	루	류	르	리
ra	rya	reo	ryeo	ro	ryo	ru	ryu	reu	ri

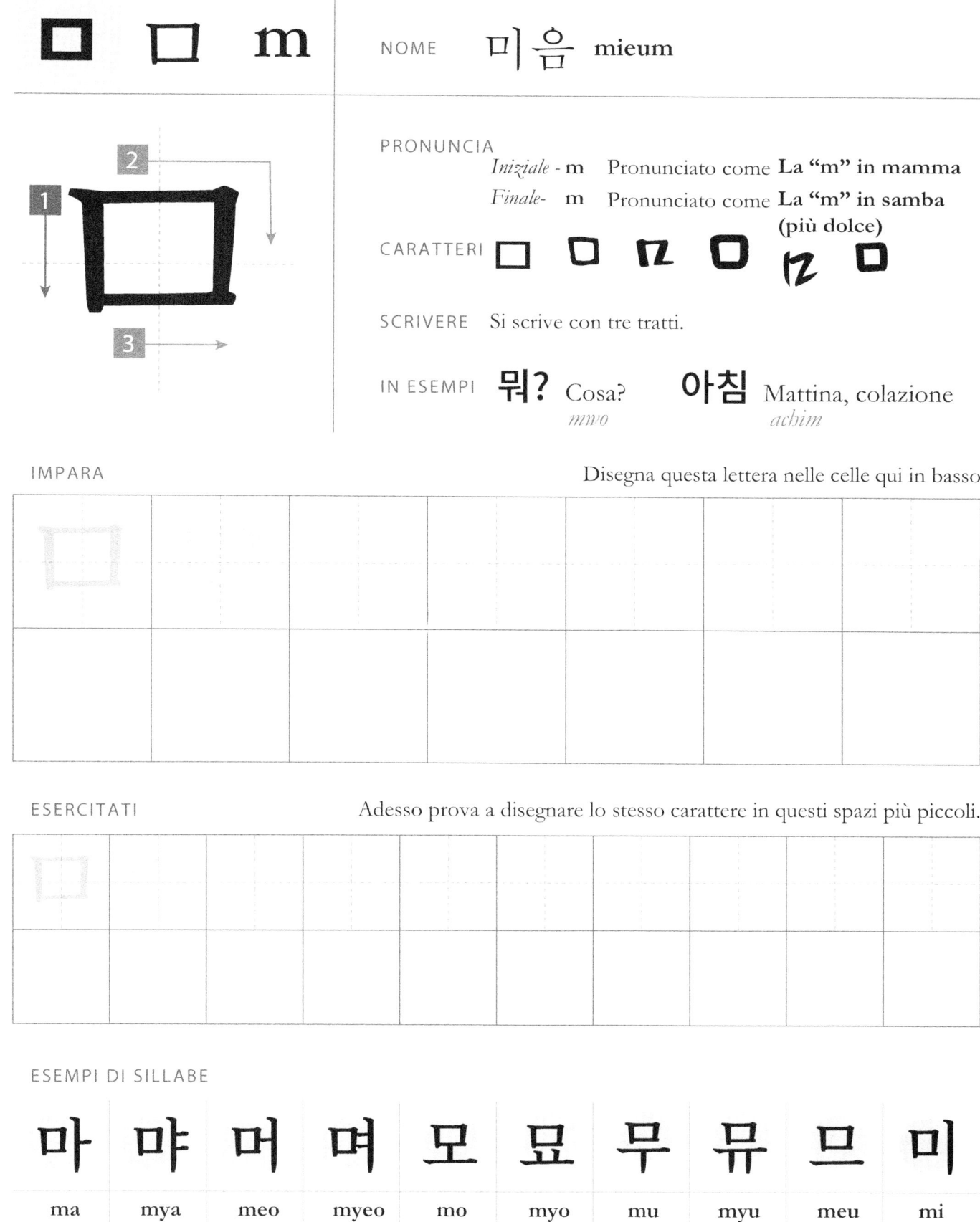

ㅁ m

NOME 미음 mieum

PRONUNCIA
- *Iniziale* - m Pronunciato come La "m" in mamma
- *Finale* - m Pronunciato come La "m" in samba (più dolce)

CARATTERI ㅁ ㅁ ㄲ ㅁ ㄲ ㅁ

SCRIVERE Si scrive con tre tratti.

IN ESEMPI 뭐? Cosa? *mwo*   아침 Mattina, colazione *achim*

IMPARA

Disegna questa lettera nelle celle qui in basso

ESERCITATI

Adesso prova a disegnare lo stesso carattere in questi spazi più piccoli.

ESEMPI DI SILLABE

마	먀	머	며	모	묘	무	뮤	므	미
ma	mya	meo	myeo	mo	myo	mu	myu	meu	mi

23

ㅂ ㅂ b

NOME 비읍 bieup

PRONUNCIA
Iniziale **b** Pronunciato come **la 'b' in bambola**
Finale **p** Pronunciato come **la 'p' in topo**

CARATTERI ㅂ ㅂ ㅂ ㅂ ㅂ

SCRIVERE Si scrive con quattro tratti dritti.

IN ESEMPI 비 Pioggia *bi*   버스 Autobus *beoseu*   밥 Riso *bap*

IMPARA
Disegna questa lettera nelle celle qui in basso

ESERCITATI
Adesso prova a disegnare lo stesso carattere in questi spazi più piccoli.

ESEMPI DI SILLABE

바	뱌	버	벼	보	뵤	부	뷰	브	비
ba	bya	beo	byeo	bo	byo	bu	byu	beu	bi

ㅍ ㅍ p

NOME   피읖 pieup

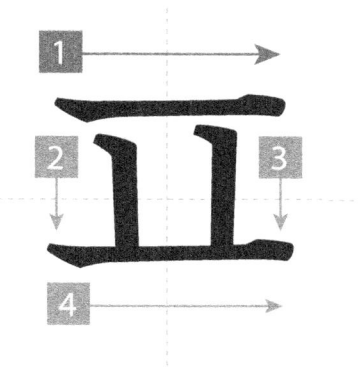

PRONUNCIA

     Iniziale   p   Pronunciato come **la 'p' in pizza**
     Finale -   p   Pronunciato come **la 'p' in scarpa**

CARATTERI   ㅍ ㅍ ㅍ ㅍ ㅍ ㅍ

SCRIVERE   Si scrive con quattro tratti.

ESEMPI   **파티** Festa   **피자** Pizza   **커피** Caffè
              pati   *pija*   *keopi*

IMPARA
Disegna questa lettera nelle celle qui in basso

ESERCITATI
Adesso prova a disegnare lo stesso carattere in questi spazi più piccoli.

ESEMPI DI SILLABE

| 파 | 퍄 | 퍼 | 펴 | 포 | 표 | 푸 | 퓨 | 프 | 피 |
| pa | pya | peo | pyeo | po | pyo | pu | pyu | peu | pi |

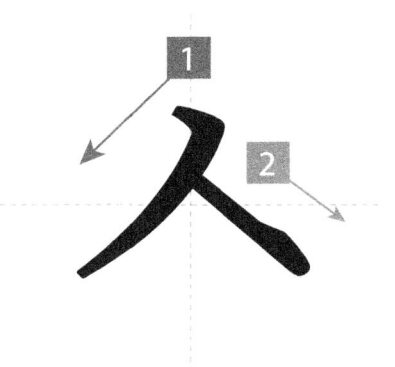

NOME	시옷 siot

PRONUNCIA

Iniziale **s** Pronunciato come **la 's' in sera**

Finale - **t** Pronunciato come **la 't' in carta**

Attenzione: a volte si pronuncia 'sc-', vedi p. 98.

CARATTERI ㅅ ㅅ ㅅ ㅅ ㅅ ㅅ

SCRIVERE Si scrive con due tratti.

ESEMPI 시 Poema, città   야자수 Palma
            si   *yajasu*

IMPARA

Disegna questa lettera nelle celle qui in basso

ESERCITATI

Adesso prova a disegnare lo stesso carattere in questi spazi più piccoli.

ESEMPI DI SILLABE

사	샤	서	셔	소	쇼	수	슈	스	시
sa	sya	seo	syeo	so	syo	su	syu	seu	si

ㅈ ㅈ j

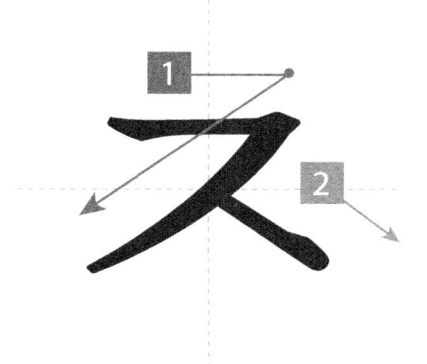

NOME	지읒 jieut
PRONUNCIA	
Iniziale - j	Pronunciato come **la 'g' in giacca**
Finale - t	Pronunciato come **la 't' in corto** (più dolce)
SCRIVERE	ㅈ ㅈ ㅈ ㅈ ㅈ ㅈ
WRITE	Si scrive con due tratti.
ESEMPI	**주스** Succo **직업** Lavoro, occupazione
	juseu *jigeop*

IMPARA

Disegna questa lettera nelle celle qui in basso

ESERCITATI

Adesso prova a disegnare lo stesso carattere in questi spazi più piccoli.

ESEMPI DI SILLABE

자	쟈	저	져	조	죠	주	쥬	즈	지
ja	jya	jeo	jyeo	jo	jyo	ju	jyu	jeu	ji

ㅊ ch

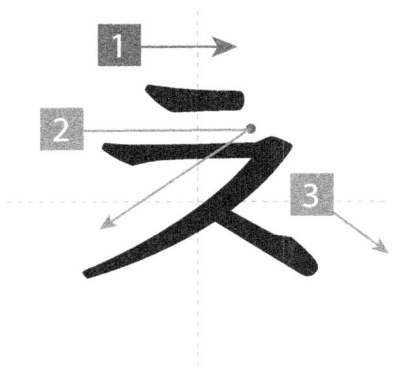

NOME 치읓 chieut

PRONUNCIA
Iniziale - ch   Pronunciato come la 'c' in ciao
Finale - t   Pronunciato come la 't' in salto (più dolce)

CARATTERI ㅊ ㅊ ㅊ ㅊ ㅊ ㅊ

SCRIVERE Si scrive con tre tratti.

ESEMPI 차 Automobile 부츠 Stivali
cha   *bucheu*

IMPARA
Disegna questa lettera nelle celle qui in basso

ESERCITATI
Adesso prova a disegnare lo stesso carattere in questi spazi più piccoli.

ESEMPI DI SILLABE

차	챠	처	쳐	초	쵸	추	츄	츠	치
cha	chya	cheo	chyeo	cho	chyo	chu	chyu	cheu	chi

○ ○ n/a | NOME 이응 ieung

PRONUNCIA
Iniziale - **silent**
Finale - **ng** Pronunciato come the 'ng' in sang

CARATTERI ○ ○ ○ ○ ○ ○ ○

SCRIVERE Si scrive con un unico tratto circolare.
Il "nodino" coincide con il punto in cui il pennello toccava la carta.

ESEMPI 가방 Borsa 식당 Ristorante, cafè
gabang *sigdang*

IMPARA

Disegna questa lettera nelle celle qui in basso

ESERCITATI

Adesso prova a disegnare lo stesso carattere in questi spazi più piccoli.

ESEMPI DI SILLABE

아	야	어	여	오	요	우	유	으	이
a	ya	eo	yeo	o	yo	u	yu	eu	i

ㅎ ㅎ h

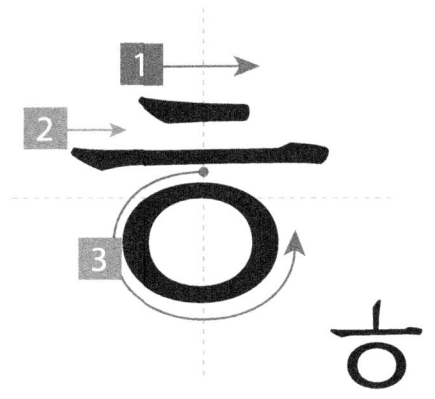

NOME 히읕 hieut

PRONUNCIA
Iniziale - **h**   Pronunciato come **la 'h' in house** (casa in inglese - suono aspirato)
Finale - **t**   Pronunciato come **la 't' in porto** (più dolce)

CARATTERI ㅎ ㅎ ㅎ ㅎ ㅎ ㅎ

SCRIVERE Si scrive con tre tratti.

ESEMPI 한국 Corea del Sud   학교 Scuola
            Hanguk   *haggyo*

IMPARA

Disegna questa lettera nelle celle qui in basso

ESERCITATI

Adesso prova a disegnare lo stesso carattere in questi spazi più piccoli.

ESEMPI DI SILLABE

하 햐 허 혀 호 효 후 휴 흐 히
ha   hya   heo   hyeo   ho   hyo   hu   hyu   heu   hi

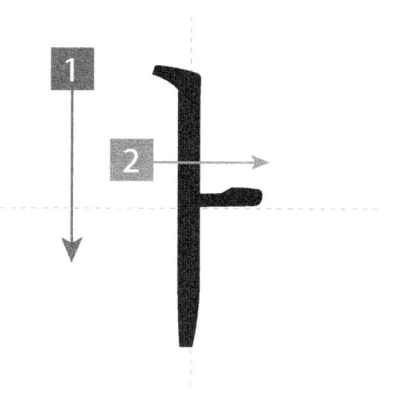

NOME	'a' - *come il suono*
PRONUNCIA	Pronunciato come **la "a" di padre (più aspirato)**
CARATTERI	ㅏ ㅏ ㅏ ㅏ ㅏ
SCRIVERE	Si scrive con due tratti.
ESEMPI	나라 Paese, nazione 나비 Farfalla *nala* *nabi*

IMPARA — Disegna questa lettera nelle celle qui in basso

ESERCITATI — Adesso prova a disegnare lo stesso carattere in questi spazi più piccoli.

ESEMPI DI SILLABE

가	카	나	다	타	라	마	바	파	사	자	차	아	하
ga	ka	na	da	ta	ra	ma	ba	pa	sa	ja	cha	a	ha

ㅑ ㅑ ya

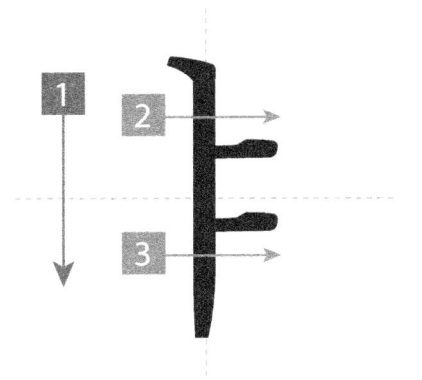

NOME 'ya' - *come il suono*

PRONUNCIA Pronunciato come **La 'ia' di sciarpa**
Si pronuncia sempre 'a', ma preceduta da un suono morbido simile alla "i".

CARATTERI ㅑ ㅑ ㅑ ㅑ ㅑ ㅑ

SCRIVERE Si scrive con tre tratti.

ESEMPI 야구 Baseball 고양이 Gatto
yagu *goyangi*

IMPARA

Disegna questa lettera nelle celle qui in basso

ESERCITATI

Adesso prova a disegnare lo stesso carattere in questi spazi più piccoli.

ESEMPI DI SILLABE

갸	캬	냐	댜	탸	랴	먀	뱌	퍄	샤	쟈	챠	야	햐
gya	kya	nya	dya	tya	rya	mya	bya	pya	sya	jya	chya	ya	hya

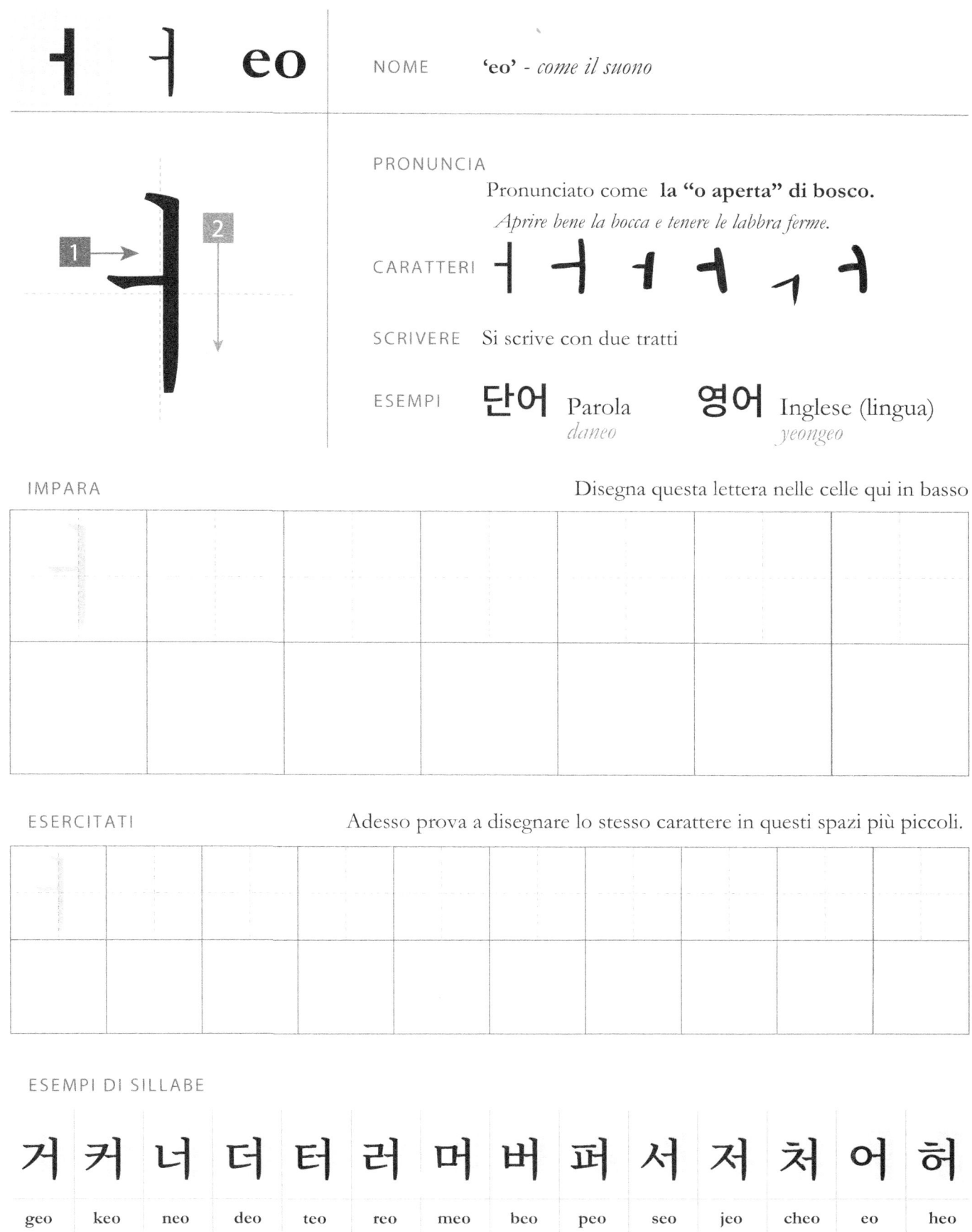

ㅕ yeo

NOME   'yeo' - *come il suono*

PRONUNCIA

Pronunciato come **la 'o aperta' di yogurt.**

Si pronuncia 'yeo', con la 'o' aperta preceduta da un suono morbido simile alla "i".

CARATTERI   ㅕ ㅕ ㅕ ㅕ ㅕ ㅕ

SCRIVERE   Si scrive con tre tratti.

ESEMPI   편지 Lettera *pyeonji*   저녁 Cena, sera *jeonyeog*

IMPARA

Disegna questa lettera nelle celle qui in basso

ESERCITATI

Adesso prova a disegnare lo stesso carattere in questi spazi più piccoli.

ESEMPI DI SILLABE

겨	켜	녀	뎌	텨	려	며	벼	펴	셔	져	쳐	여	혀
gyeo	kyeo	nyeo	dyeo	tyeo	ryeo	myeo	byeo	pyeo	syeo	jyeo	chyeo	yeo	hyeo

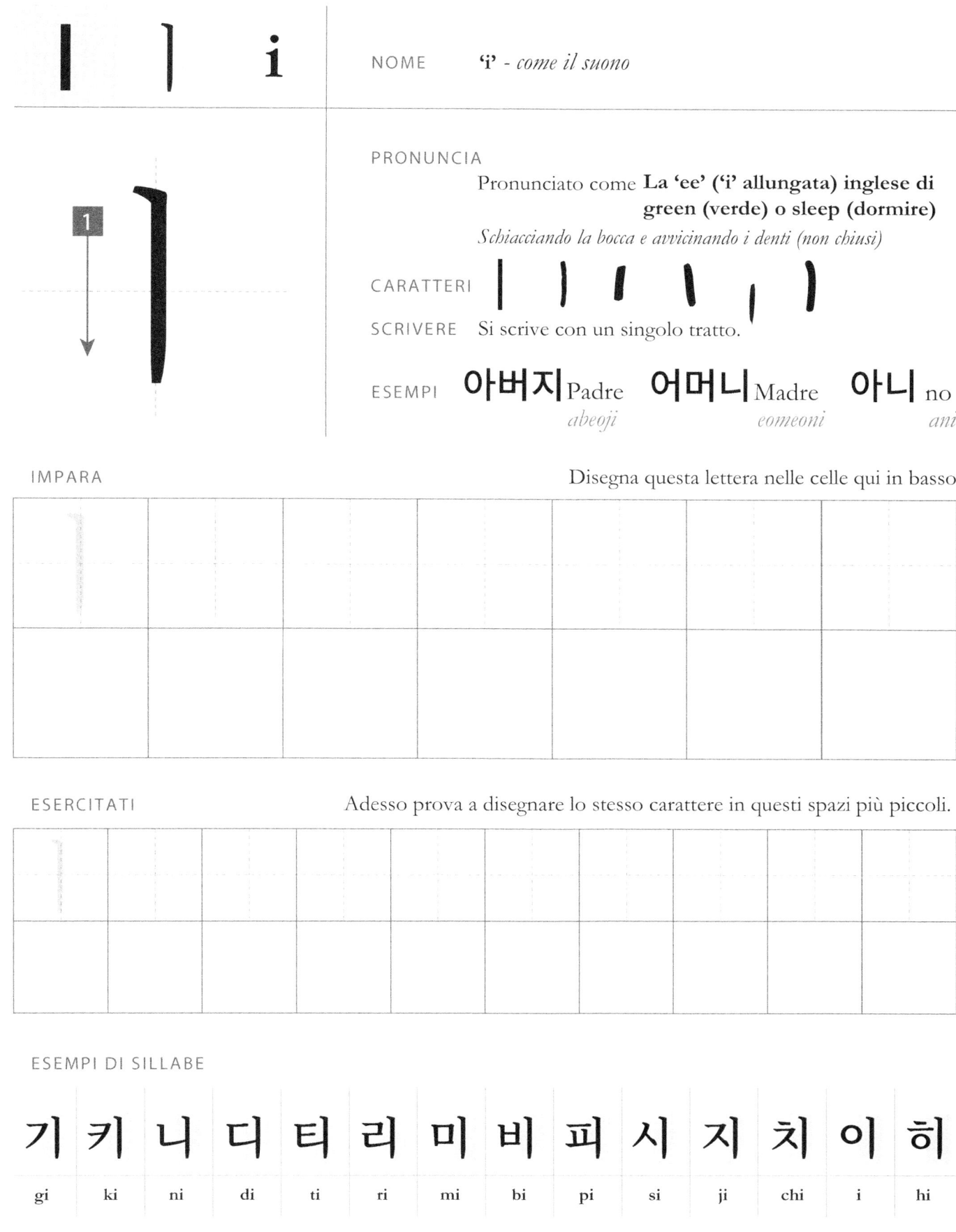

NOME
'i' - *come il suono*

PRONUNCIA
Pronunciato come **La 'ee' ('i' allungata) inglese di green (verde) o sleep (dormire)**

Schiacciando la bocca e avvicinando i denti (non chiusi)

CARATTERI

SCRIVERE
Si scrive con un singolo tratto.

ESEMPI
아버지 Padre — *abeoji*
어머니 Madre — *eomeoni*
아니 no — *ani*

IMPARA
Disegna questa lettera nelle celle qui in basso

ESERCITATI
Adesso prova a disegnare lo stesso carattere in questi spazi più piccoli.

ESEMPI DI SILLABE

기	키	니	디	티	리	미	비	피	시	지	치	이	히
gi	ki	ni	di	ti	ri	mi	bi	pi	si	ji	chi	i	hi

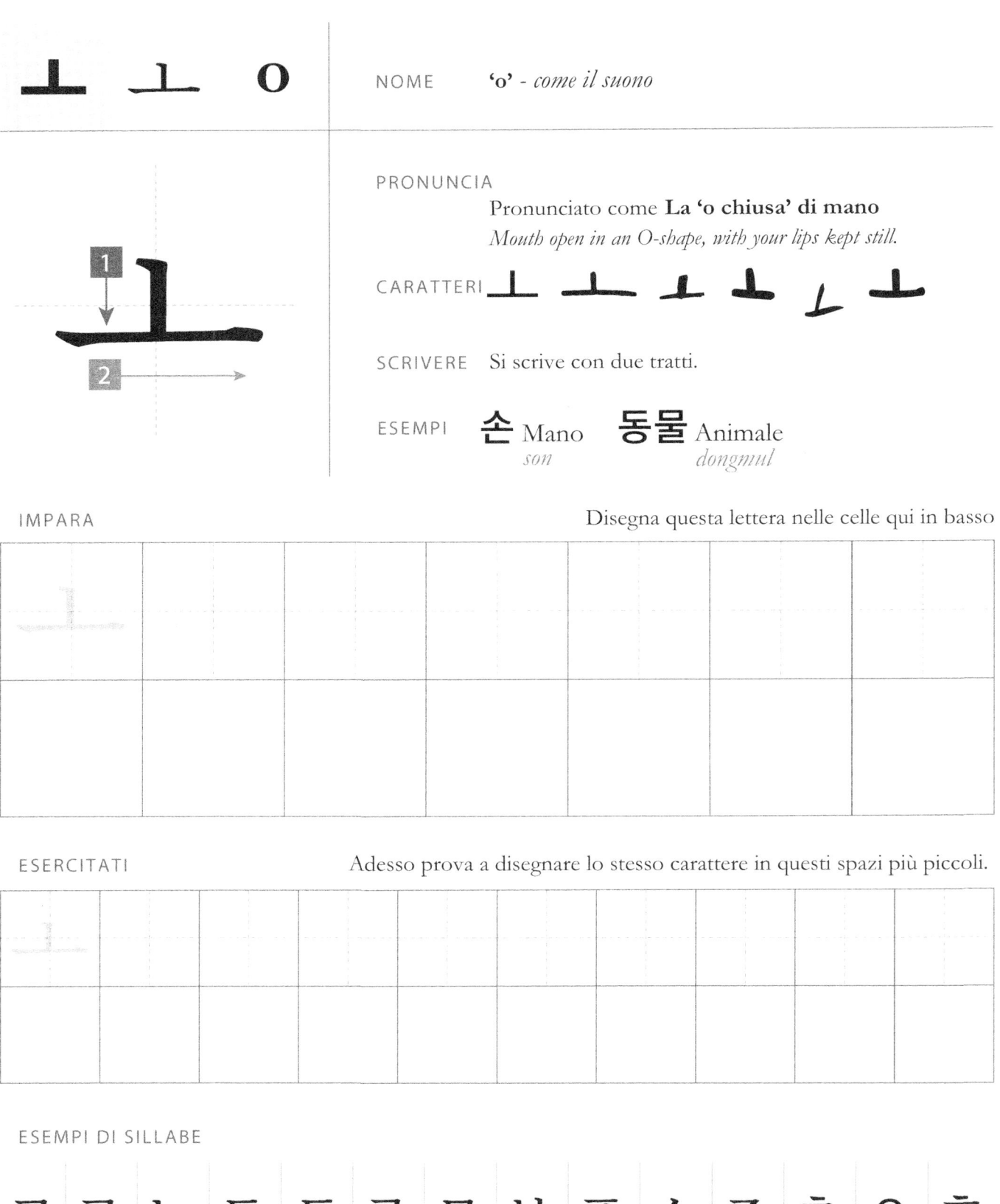

| NOME | 'o' - *come il suono* |

PRONUNCIA

Pronunciato come **La 'o chiusa' di mano**
Mouth open in an O-shape, with your lips kept still.

CARATTERI ㅗ ㅗ ㅗ ㅗ ㅗ ㅗ

SCRIVERE Si scrive con due tratti.

ESEMPI 손 Mano *son*   동물 Animale *dongmul*

IMPARA   Disegna questa lettera nelle celle qui in basso

ESERCITATI   Adesso prova a disegnare lo stesso carattere in questi spazi più piccoli.

ESEMPI DI SILLABE

고	코	노	도	토	로	모	보	포	소	조	초	오	호
go	ko	no	do	to	ro	mo	bo	po	so	jo	cho	o	ho

ㅛ ㅛ yo

NOME   'yo' - *stesso suono*

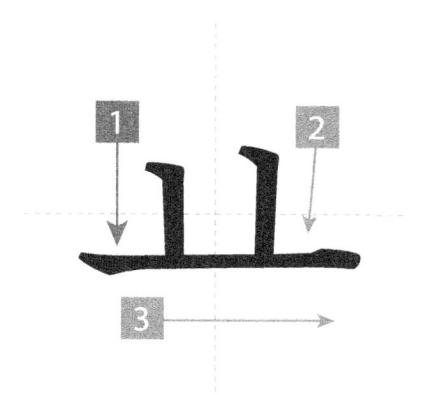

PRONUNCIA

suona come **la 'o chiusa' di yoga**
Si pronuncia 'o', preceduta da un suono morbido simile alla "i".

CARATTERI ㅛ ㅛ ㅛ ㅛ ㅛ ㅛ

SCRIVERE Si scrive con tre tratti.

ESEMPI   요요 yoyo   쉬워요 Facile
           yoyo   *swiwoyo*

IMPARA

Disegna questa lettera nelle celle qui in basso

ESERCITATI

Adesso prova a disegnare lo stesso carattere in questi spazi più piccoli.

ESEMPI DI SILLABE

교	쿄	뇨	됴	툐	료	묘	뵤	표	쇼	죠	쵸	요	효
gyo	kyo	nyo	dyo	tyo	ryo	myo	byo	pyo	syo	jyo	chyo	yo	hyo

ㅜ ㅜ u

NOME	'u' - *stesso suono*
PRONUNCIA	Pronunciato come la 'u' di cuore (suono allungato) *Con le labbra protese in avanti e a forma circolare.*
CARATTERI	ㅜ ㅜ ㅜ ㅜ ㅜ ㅜ
SCRIVERE	Si scrive con due tratti.
ESEMPI	두부 Tofu *tubu* 추위 Freddo *chuwi* 나무 Albero *namu*

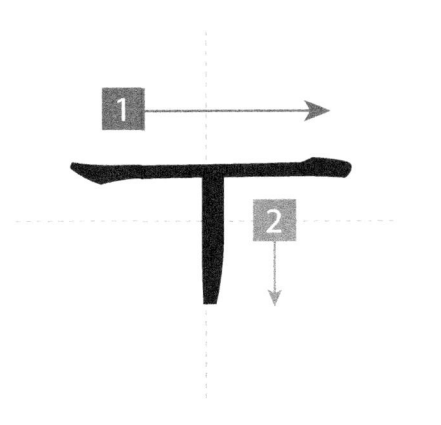

IMPARA

Disegna questa lettera nelle celle qui in basso

ESERCITATI

Adesso prova a disegnare lo stesso carattere in questi spazi più piccoli.

ESEMPI DI SILLABE

구	쿠	누	두	투	루	무	부	푸	수	주	추	우	후
gu	ku	nu	du	tu	ru	mu	bu	pu	su	ju	chu	u	hu

ㅠ   ㅠ   yu

NOME   'yu' - sstesso suono

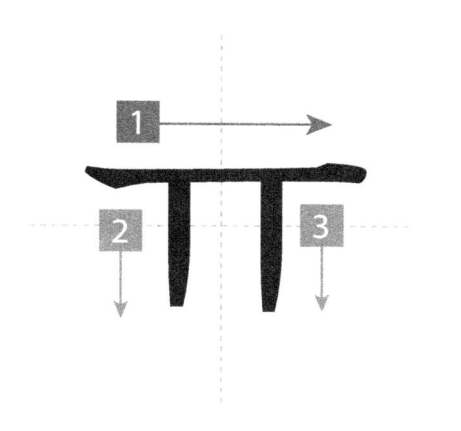

PRONUNCIA   Pronunciato come **La parola inglese 'you'**
Si pronuncia 'u', ma preceduta da un suono morbido simile alla "i".

CARATTERI   ㅠ   ㅠ   ㅠ   ㅠ   ㅠ   ㅠ

SCRIVERE   Si scrive con tre tratti.

ESEMPI   자유 Libertà *chayu*   컴퓨터 Computer *keompyuteo*

IMPARA
Disegna questa lettera nelle celle qui in basso

ESERCITATI
Adesso prova a disegnare lo stesso carattere in questi spazi più piccoli.

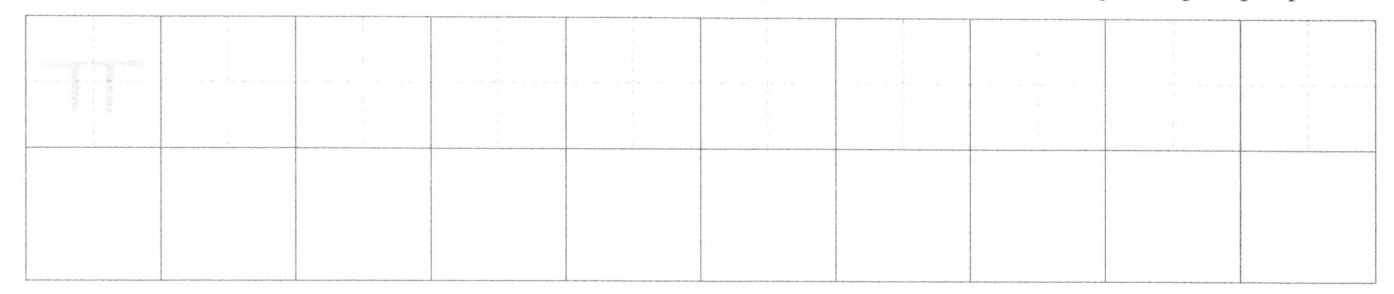

ESEMPI DI SILLABE

규	큐	뉴	듀	튜	류	뮤	뷰	퓨	슈	쥬	츄	유	휴
gyu	kyu	nyu	dyu	tyu	ryu	myu	byu	pyu	syu	jyu	chyu	yu	hyu

— — eu

NOME 'eu' - *stesso suono*

PRONUNCIA Suona come **l'onomatopea 'ugh!' di disgusto**
Suono neutro a metà tra "o" e "u", pronunciato a denti stretti (non chiusi) e schiacciando gli angoli della bocca verso il basso.

CARATTERI — — — — — —

SCRIVERE Si scrive con un singolo tratto.

ESEMPI 이름 Nome *ileum*   퀴즈 Quiz *kwijeu*   카드 Carta *kadeu*

IMPARA
Disegna questa lettera nelle celle qui in basso

ESERCITATI
Adesso prova a disegnare lo stesso carattere in questi spazi più piccoli.

ESEMPI DI SILLABE

그	크	느	드	트	르	므	브	프	스	즈	츠	으	흐
geu	keu	neu	deu	teu	reu	meu	beu	peu	seu	jeu	cheu	eu	heu

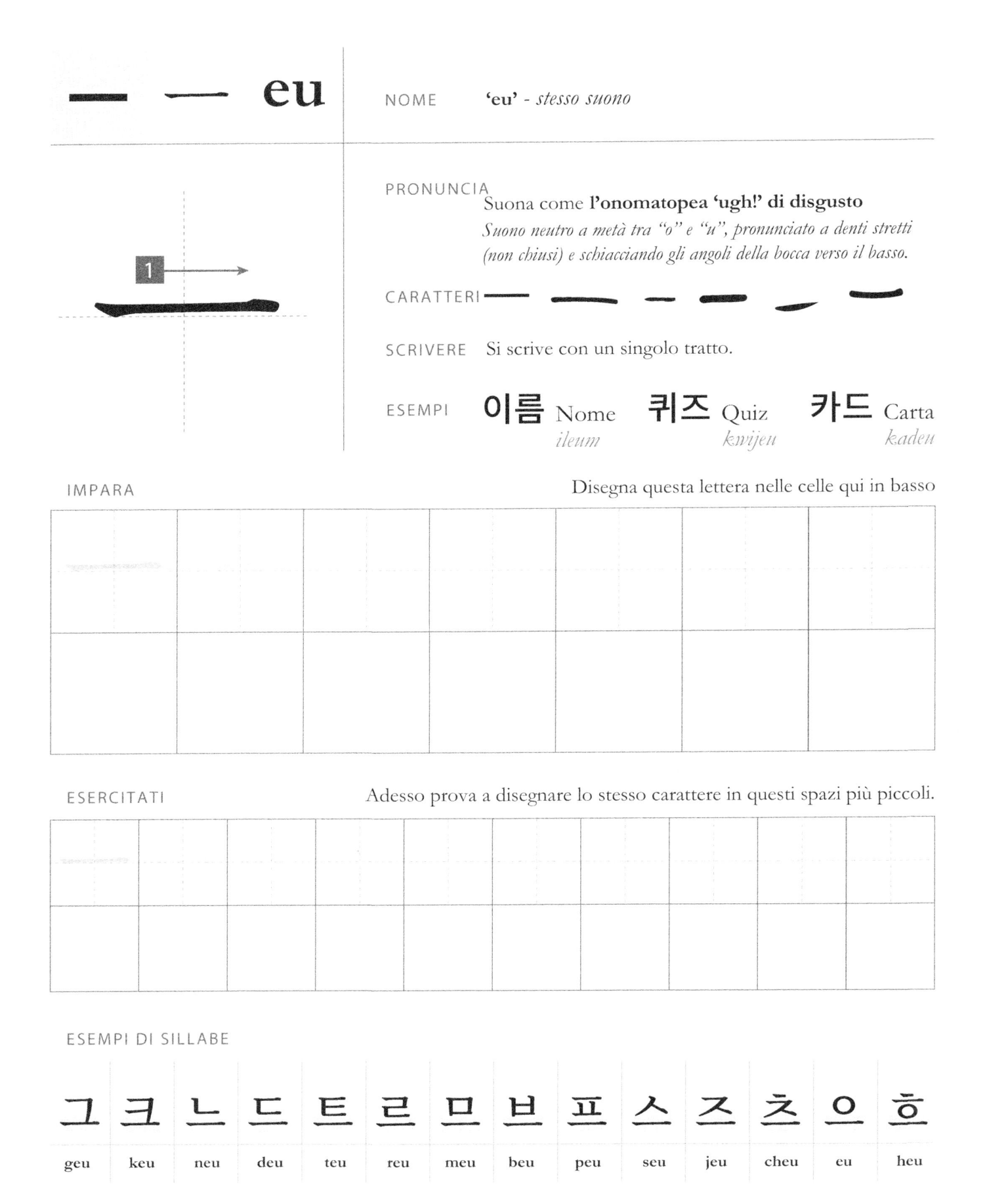

Parte 3

HANGUL DI BASE
REVISIONE E PRATICA

ESERCIZI	Combina le seguenti consonanti con la vocale: 아 **아**							DESCRIVI IL SUONO
ㄱ								
ㅋ								
ㄴ								
ㄷ								
ㅌ								
ㄹ								

ESERCIZI	Combina le seguenti consonanti con la vocale: 야 **야**							DESCRIVI IL SUONO
ㅁ								
ㅂ								
ㅍ								
ㅅ								
ㅈ								
ㅊ								

N.B.: GLI ESEMPI RIPORTATI SERVONO ESCLUSIVAMENTE A PRATICARE LA SCRITTURA E POTREBBERO NON ESSERE PAROLE D'USO COMUNE.

ESERCIZI	Combina le seguenti consonanti con la vocale:	어 **어**					DESCRIVI IL SUONO
ㄱ							
ㅋ							
ㄴ							
ㄷ							
ㅌ							
ㄹ							

ESERCIZI	Combina le seguenti consonanti con la vocale:	여 **여**					DESCRIVI IL SUONO
ㅁ							
ㅂ							
ㅍ							
ㅅ							
ㅈ							
ㅊ							

(Vedi le tabelle di riferimento a pagina 123)

ESERCIZI	Combina le seguenti consonanti con la vocale:		이	이				DESCRIVI IL SUONO
ㄱ								
ㅋ								
ㄴ								
ㄷ								
ㅌ								
ㄹ								

ESERCIZI	Combina le seguenti consonanti con la vocale:		으	으				DESCRIVI IL SUONO
ㅁ								
ㅂ								
ㅍ								
ㅅ								
ㅈ								
ㅊ								

N.B.: GLI ESEMPI RIPORTATI SERVONO ESCLUSIVAMENTE A PRATICARE LA SCRITTURA E POTREBBERO NON ESSERE PAROLE D'USO COMUNE.

ESERCIZI	Combina le seguenti consonanti con la vocale:		오	요			DESCRIVI IL SUONO
ㄱ							
ㅋ							
ㄴ							
ㄷ							
ㅌ							
ㄹ							

ESERCIZI	Combina le seguenti consonanti con la vocale:		우	유			DESCRIVI IL SUONO
ㅁ							
ㅂ							
ㅍ							
ㅅ							
ㅈ							
ㅊ							

(Vedi le tabelle di riferimento a pagina 123)

ESERCIZI	Combina le seguenti consonanti con la vocale:		우	우				DESCRIVI IL SUONO
ㄱ								
ㅋ								
ㄴ								
ㄷ								
ㅌ								
ㄹ								

ESERCIZI	Combina le seguenti consonanti con la vocale:		유	유				DESCRIVI IL SUONO
ㅁ								
ㅂ								
ㅍ								
ㅅ								
ㅈ								
ㅊ								

N.B.: GLI ESEMPI RIPORTATI SERVONO ESCLUSIVAMENTE A PRATICARE LA SCRITTURA E POTREBBERO NON ESSERE PAROLE D'USO COMUNE.

ESERCIZI	Combina le seguenti consonanti con la vocale: 오 요							DESCRIVI IL SUONO
ㄱ								
ㅋ								
ㄴ								
ㄷ								
ㅌ								
ㄹ								

ESERCIZI	Combina le seguenti consonanti con la vocale: 오 요							DESCRIVI IL SUONO
ㅁ								
ㅂ								
ㅍ								
ㅅ								
ㅈ								
ㅊ								

(Vedi le tabelle di riferimento a pagina 123)

QUIZ RAPIDO! A

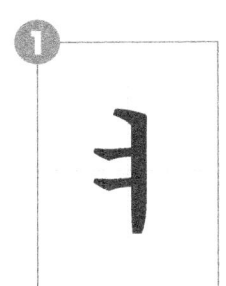

Metti alla prova la tua memoria!

1. ㅋ Questa lettera si pronuncia come ____ ?
   A. La 'o' aperta di yogurt
   B. La 'o' chiusa di corda
   C. La 'ee' ('i' allungata) di green
   D. La 'ia' di sciarpa

2. ____ si pronuncia come la 'p' di pizza?
   A. ㅠ   B. ㅍ
   C. ㅛ   D. ㅂ

3. Quale delle seguenti lettere si usa come consonante muta di fianco alla vocale?

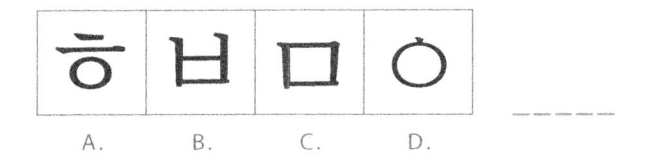

ㅎ	ㅂ	ㅁ	ㅇ
A.	B.	C.	D.

4. ____ si pronuncia come 'g' di giacca?
   A. ㅅ   B. ㅊ
   C. ㅈ   D. ㅎ

5. ㄹ Da quanti tratti è composto questo carattere?
   Sapresti indicare l'ordine dei tratti sull'immagine?
   A. 2   B. 4
   C. 3   D. 5

6. ㅂ Da quanti tratti è composto questo carattere?
   Sapresti indicare l'ordine dei tratti sull'immagine?
   A. 2   B. 4
   C. 3   D. 5

7. ____ si pronuncia come la 'ee' ('i' allungata) di green?
   A. ㅜ   B. ㅡ
   C. ㅣ   D. ㅗ

8. Quale dei seguenti blocchi sillabici è sbagliato?
   A., B., C., D., E., F., G., H.

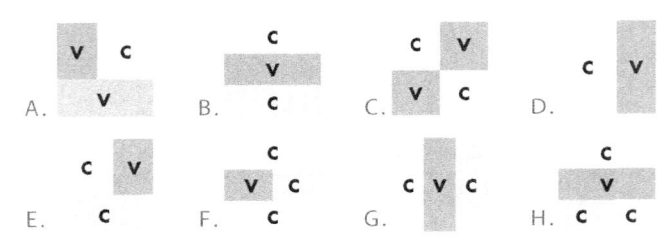

9. ____ si pronuncia come la 'd' di duomo?
   A. ㅋ   B. ㄷ
   C. ㄴ   D. ㅌ

10. ㄱ Questa lettera si pronuncia come ____ ?
   A. the 'c' in chiaro
   B. the 'c' in ciao
   C. the 'c' in casa
   D. the 'g' in gomma

(Vedi le risposte a pagina 128)

Parte 4

LE LETTERE COMPOSTE DELL'ALFABETO HANGUL

LE LETTERE COMPOSTE

Dopo aver imparato le lettere semplici, è giunto il momento di studiare altre 16 lettere hangul, spesso definite *composte o complesse*. In realtà questi caratteri sono molto più facili di quanto possano sembrare, poiché si formano semplicemente unendo quelle lettere che sai già leggere e scrivere!

LE CONSONANTI DOPPIE

A gruppo di lettere appartengono solo **5 consonanti doppie "tese"**, ovvero due lettere uguali poste l'una accanto all'altra! Questi caratteri possono fungere da consonanti iniziali ma (attenzione!) solo ㄲ e ㅆ possono essere **batchim** *(niente paura, lo spiegheremo meglio in seguito)*.

ㄲ	ㄸ	ㅃ	ㅆ	ㅉ
gg	dd	bb	ss	jj

Le consonanti doppie hanno lo stesso identico suono della loro versione singola, con la sola differenza che nel pronunciarle dovrai tendere leggermente le labbra in avanti. Ecco perché si chiamano "tese"!

Prima di pronunciare una lettera è naturale fare un attimo di pausa per prendere aria e poi impiegare maggior forza nel produrre il suono della lettera successiva. Ecco un rapido esercizio che ti aiuterà a capire meglio il suono "teso":

Pronuncia prima la parola "tappo" e poi la parola "stalla". Ripetile prestando particolare attenzione al suono 't'. Riesci a sentire una differenza tra le due?

All'interno del blocco sillabico le consonanti doppie valgono come una lettera singola e, in quanto tale, occupano lo stesso spazio di una qualsiasi altra lettera. Osserviamo i riquadri qui in basso per capire come appaiono le consonanti doppie all'interno dei blocchi:

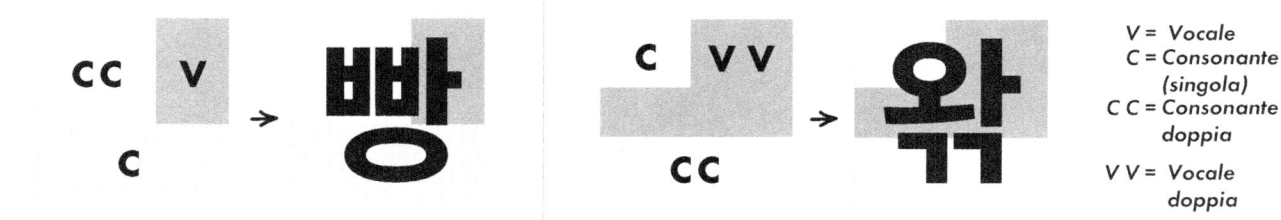

CC	V	→	빵		C	V V	→	왹
C					CC			

V = Vocale
C = Consonante (singola)
C C = Consonante doppia
V V = Vocale doppia

Lettere aggiuntive

LE VOCALI DOPPIE

Le vocali doppie, o **dittonghi**, sono formate da due vocali semplici. In questo caso, però, il suono delle singole lettere si unisce creando una nuova pronuncia. I dittonghi si pronunciano articolando le due vocali in un unico suono morbido e abbastanza rapido:

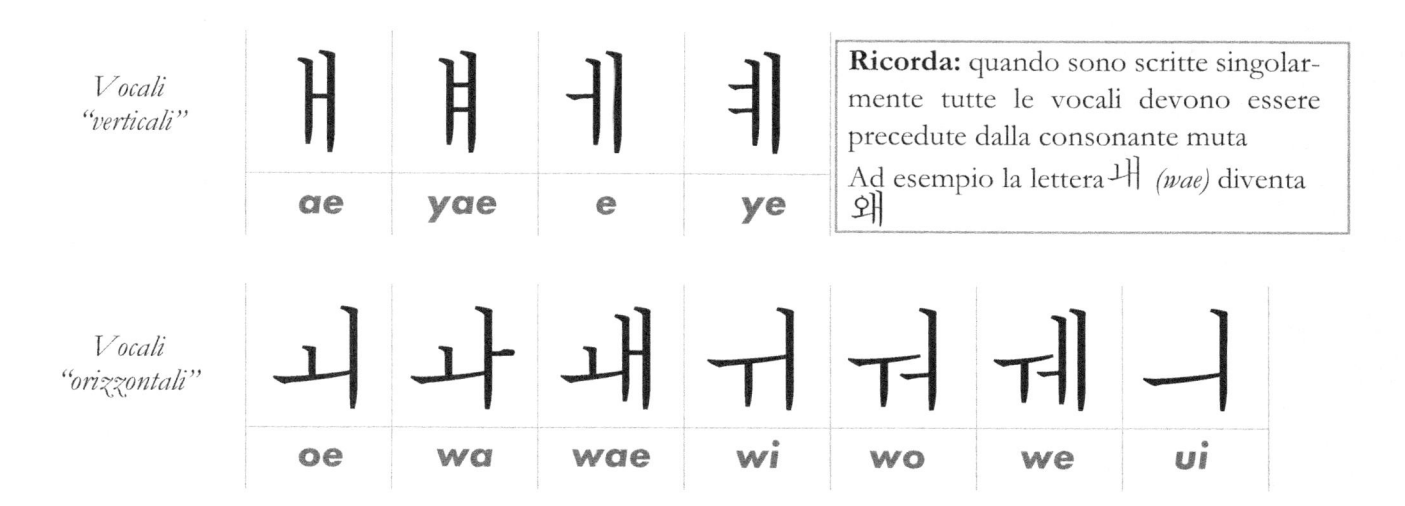

Vocali "verticali"

ㅐ	ㅒ	ㅔ	ㅖ
ae	yae	e	ye

Ricorda: quando sono scritte singolarmente tutte le vocali devono essere precedute dalla consonante muta
Ad esempio la lettera ㅙ *(wae)* diventa 왜

Vocali "orizzontali"

ㅚ	ㅘ	ㅙ	ㅟ	ㅝ	ㅞ	ㅢ
oe	wa	wae	wi	wo	we	ui

I blocchi sillabici contenenti un dittongo variano la loro configurazione in base alla forma delle vocali e al numero di lettere presenti al loro interno:

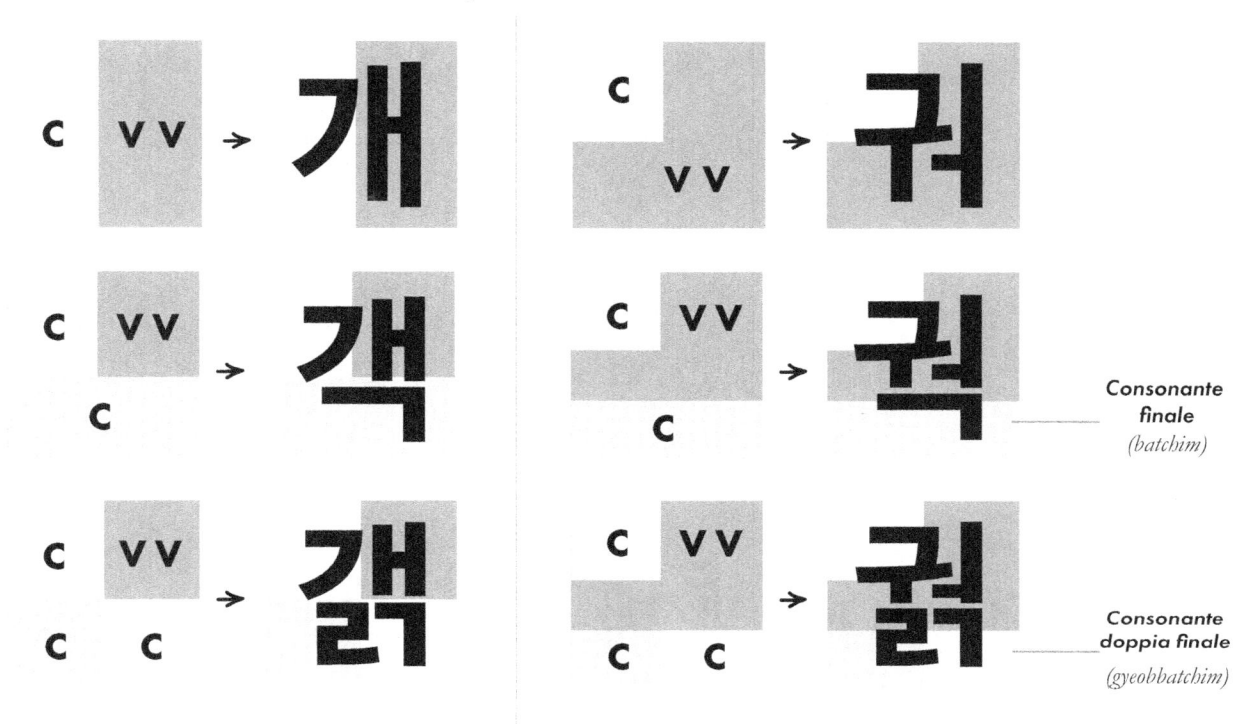

C V V → 개

C V V / C → 객

C V V / C C → 갞

C / V V → 궈

C V V / C → 궉

C V V / C C → 궑

Consonante finale (batchim)

Consonante doppia finale (gyeobbatchim)

Le lettere composte

ㅐ ㅐ ae

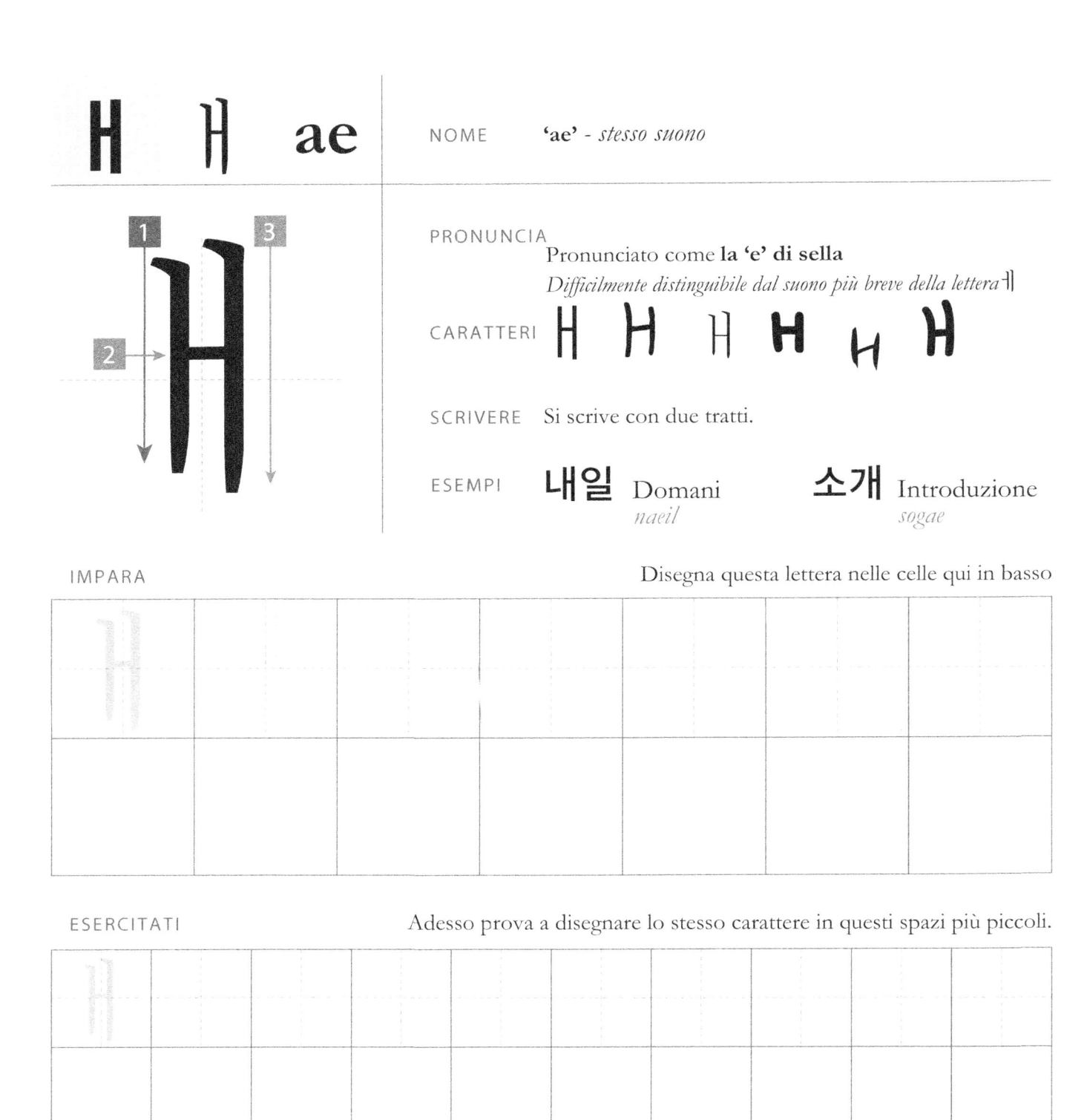

NOME	'ae' - *stesso suono*
PRONUNCIA	Pronunciato come **la 'e' di sella** *Difficilmente distinguibile dal suono più breve della lettera* ㅔ
CARATTERI	ㅐ ㅐ ㅐ ㅐ ㅐ
SCRIVERE	Si scrive con due tratti.
ESEMPI	내일 Domani *naeil* 소개 Introduzione *sogae*

IMPARA

Disegna questa lettera nelle celle qui in basso

ESERCITATI

Adesso prova a disegnare lo stesso carattere in questi spazi più piccoli.

ESEMPI DI SILLABE

개	캐	내	대	태	래	매	배	패	새	재	채	애	해
gae	kae	nae	dae	tae	rae	mae	bae	pae	sae	jae	chae	ae	hae

ㅒ ㅒ yae

NOME   'yae' - *stesso suono*

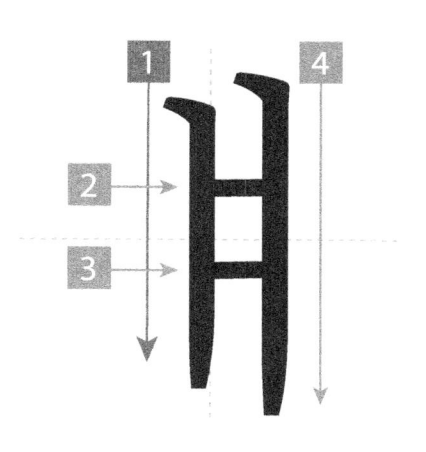

PRONUNCIA   Pronunciato come **'Ye' con la 'e aperta' simile all'esclamazione inglese 'yeah'**
Pronunciata come 'ae' ma preceduta da un suono morbido simile alla "i".

CARATTERI   ㅒ ㅒ ㅒ ㅒ ㅒ ㅒ

SCRIVERE   Si scrive con quattro tratti.

ESEMPI   얘기 Storia
yaegi

IMPARA
Disegna questa lettera nelle celle qui in basso

ESERCITATI
Adesso prova a disegnare lo stesso carattere in questi spazi più piccoli.

ESEMPI DI SILLABE

개	캐	내	대	태	래	매	배	패	새	재	채	애	해
gyae	kyae	nyae	dyae	tyae	ryae	myae	byae	pyae	syae	jyae	chyae	yae	hyae

Vocali composte

ㅔ ㅔ e

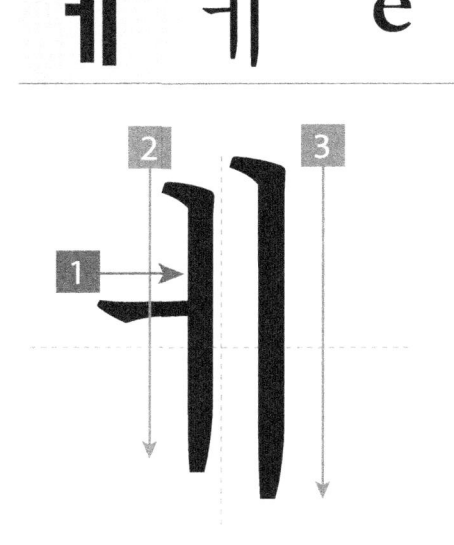

NOME	'e' - *stesso suono*
PRONUNCIA	Pronunciato come **La 'e' chiusa di cena o seme** *Difficilmente distinguibile dal suono più lungo della lettera* ㅐ
CARATTERI	ㅔ ㅔ ㅔ ㅔ ㅔ ㅔ
SCRIVERE	Si scrive con tre tratti.
ESEMPI	가게 Negozio *gage* 어제 Ieri *eoje*

IMPARA

Disegna questa lettera nelle celle qui in basso

ESERCITATI

Adesso prova a disegnare lo stesso carattere in questi spazi più piccoli.

ESEMPI DI SILLABE

게	케	네	데	테	레	메	베	페	세	제	체	에	헤
ge	ke	ne	de	te	re	me	be	pe	se	je	coe	e	he

ㅖ ㅖ ye

NOME 'ye' - *stesso suono*

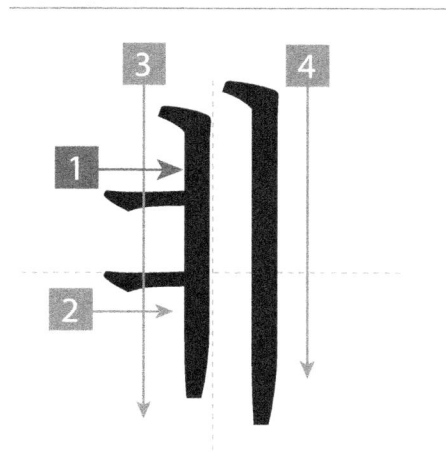

PRONUNCIA
Pronunciato come **La 'ie' con la 'e' chiusa come in ieri**
Pronunciata come la prima 'e' preceduta da un suono morbido simile alla "i".

CARATTERI ㅖ ㅖ ㅖ ㅖ ㅖ ㅖ

SCRIVERE Si scrive con quattro tratti.

ESEMPI 세계 Mondo *segye*   시계 Orologio *sigye*

IMPARA

Disegna questa lettera nelle celle qui in basso

ESERCITATI

Adesso prova a disegnare lo stesso carattere in questi spazi più piccoli.

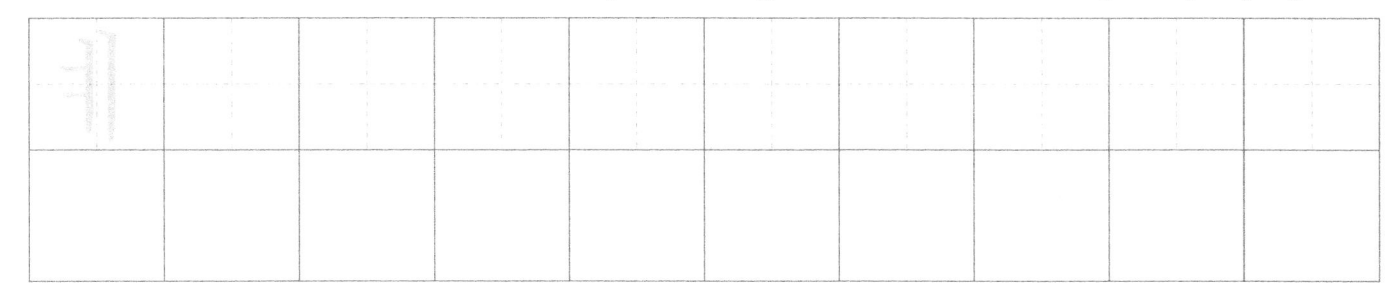

ESEMPI DI SILLABE

계	케	녜	뎨	톄	례	몌	볘	폐	셰	졔	쳬	예	혜
gye	kye	nye	dye	tye	rye	mye	bye	pye	sye	jye	chye	ye	hye

ㅚ ㅚ oe

NOME 'oe' - *stesso suono*

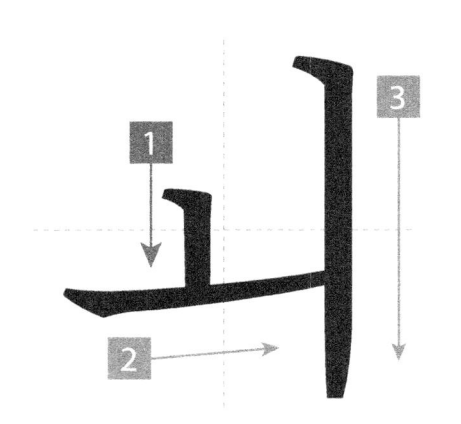

PRONUNCIA
Pronuncia **'Woe'**, come nel classico saluto napoletano **'wè'**
Simile a 'u-eh' ma in un unico suono morbido.

CARATTERI ㅚ ㅚ ㅚ ㅚ ㅚ ㅚ

SCRIVERE Si scrive con tre tratti.

ESEMPI 뇌 Cervello *noe*   회사 Compagnia, azienda *hoesa*

IMPARA

Disegna questa lettera nelle celle qui in basso

ESERCITATI

Adesso prova a disegnare lo stesso carattere in questi spazi più piccoli.

ESEMPI DI SILLABE

괴	쾨	뇌	되	퇴	뢰	뫼	뵈	푀	쇠	죄	최	외	회
goe	koe	noe	doe	toe	roe	moe	boe	poe	soe	joe	choe	oe	hoe

나 놔 wa

NOME 'wa' - *stesso suono*

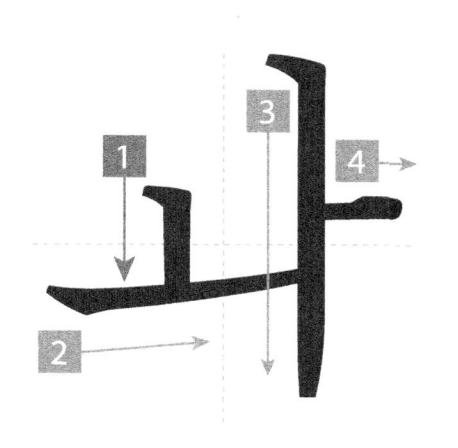

PRONUNCIA Pronunciato come La 'wa' in Taiwan, con la 'w' dolce
Simile a 'u-ah' ma in un unico suono morbido.

CARATTERI 나 ㅗㅏ ㅘ ㅘ ㄴㅏ 놔

SCRIVERE Si scrive con quattro tratti.

ESEMPI
- 와! Wow! *wa!*
- 과일 Frutta *gwail*
- 사과 Mela *sagwa*

IMPARA

Disegna questa lettera nelle celle qui in basso

ESERCITATI

Adesso prova a disegnare lo stesso carattere in questi spazi più piccoli.

ESEMPI DI SILLABE

과	콰	놔	돠	톼	롸	뫄	봐	퐈	솨	좌	촤	와	화
gwa	kwa	nwa	dwa	twa	rwa	mwa	bwa	pwa	swa	jwa	chwa	wa	hwa

ㅙ ㅙ wae

NOME 'wae' - *stesso suono*

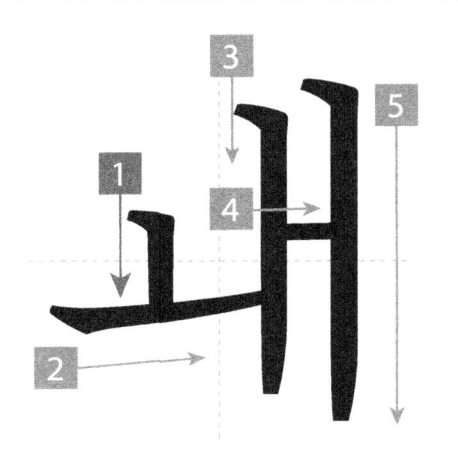

PRONUNCIA Pronunciato come **'wae'** con la **'w'** dolce e la **'e aperta'**
Simile a 'oh-ae' ma in un unico suono morbido.

CARATTERI ㅙ ㅙ ㅙ ㅙ ㅙ ㅙ

SCRIVERE Si scrive con cinque tratti.

ESEMPI **왜요?** Perché? **인쇄** Stampare **돼지** Maiale
waeyo? *inswae* *dwaeji*

IMPARA
Disegna questa lettera nelle celle qui in basso

ESERCITATI
Adesso prova a disegnare lo stesso carattere in questi spazi più piccoli.

ESEMPI DI SILLABE

괘	쾌	놰	돼	퇘	뢔	뫠	봬	퐤	쇄	좨	쵀	왜	홰
gwae	kwae	nwae	dwae	twae	rwae	mwae	bwae	pwae	swae	jwae	chwae	wae	hwae

ㅟ ㅟ wi

NOME 'wi' - *stesso suono*

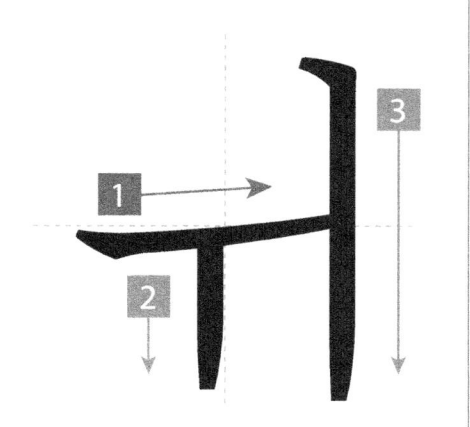

PRONUNCIA Pronunciato come **oui (sì in francese)**
Simile a 'uu-i' ma in un unico suono morbido.

CARATTERI ㅟ ㅟ ㅟ ㅟ ㅟ ㅟ

SCRIVERE Si scrive con tre tratti.

ESEMPI 키위 kiwi *kiwi* 바퀴 Ruota *bakwi* 귀걸이 Orecchini *gwigeoli*

IMPARA
Disegna questa lettera nelle celle qui in basso

ESERCITATI
Adesso prova a disegnare lo stesso carattere in questi spazi più piccoli.

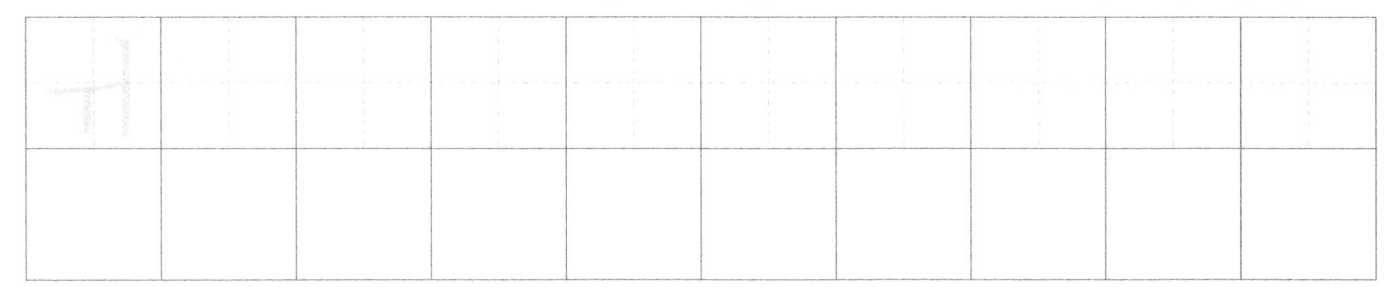

ESEMPI DI SILLABE

귀	퀴	뉘	뒤	튀	뤼	뮈	뷔	퓌	쉬	쥐	취	위	휘
gwi	kwi	nwi	dwi	twi	rwi	mwi	bwi	pwi	swi	jwi	chwi	wi	hwi

ㅝ ㅝ wo

NOME 'wo' - *stesso suono*

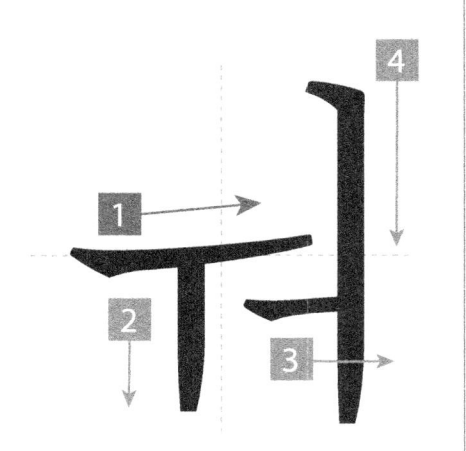

PRONUNCIA Pronunciato come **La 'wo' in wok, con la 'w' morbida**
Simile a 'uh-o' ma in un unico suono morbido.

CARATTERI ㅝ ㅝ ㅝ ㅝ ㅝㅝ

SCRIVERE Si scrive con quattro tratti.

ESEMPI 소원 Desiderio *sowon* 법원 Tribunale *beob-won*

IMPARA
Disegna questa lettera nelle celle qui in basso

ESERCITATI
Adesso prova a disegnare lo stesso carattere in questi spazi più piccoli.

ESEMPI DI SILLABE

궈	쿼	눠	둬	퉈	뤄	뭐	붜	풔	쉬	줘	춰	워	훠
gwo	kwo	nwo	dwo	two	rwo	mwo	bwo	pwo	swo	jwo	chwo	wo	hwo

ㅞ ㅞ we

NOME   'we' - *stesso suono*

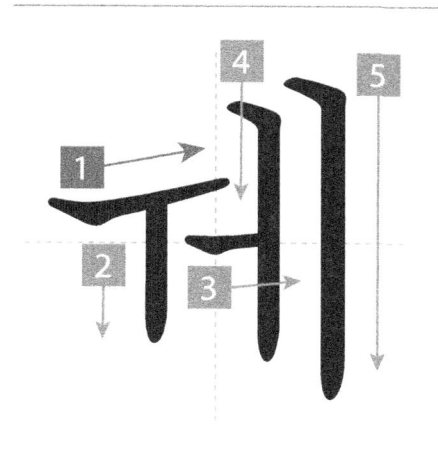

PRONUNCIA   Pronunciato come **"we" con la 'w' dolce e la 'e' chiusa di web**
Simile a 'u-eh', difficilmente distinguibile da 외 (oe).

CARATTERI   ㅞ ㅞ ㅞ ㅞ ㅞ ㅞ

SCRIVERE   Si scrive con cinque tratti.

ESEMPI   웨딩 Matrimonio *(si trova in pochissime parole)*
weding

IMPARA

Disegna questa lettera nelle celle qui in basso

ESERCITATI

Adesso prova a disegnare lo stesso carattere in questi spazi più piccoli.

ESEMPI DI SILLABE

궤	퀘	눼	뒈	퉤	뤠	뭬	붸	풰	쉐	줴	췌	웨	훼
gwe	kwe	nwe	dwe	twe	rwe	mwe	bwe	pwe	swe	jwe	chwe	we	hwe

ㅢ ui

NOME   'ui' - *stesso suono*

PRONUNCIA   Pronunciato come **'Ui'** come in "qui" ma preceduta da una 'w' dolce
Simile a 'eu-i-' ma in un unico suono dolce

CARATTERI   ㅢ ㅢ ㅢ ㅢ ㅢ ㅢ

SCRIVERE   Si scrive con due tratti.

ESEMPI   의사 Dottore *uisa*   의자 Sedia *uija*

IMPARA

Disegna questa lettera nelle celle qui in basso

ESERCITATI

Adesso prova a disegnare lo stesso carattere in questi spazi più piccoli.

ESEMPI DI SILLABE

긔	킈	늬	듸	틔	릐	믜	븨	픠	싀	즤	츼	의	희
gui	kui	nui	dui	tui	rui	mui	bui	pui	sui	jui	chui	ui	hui

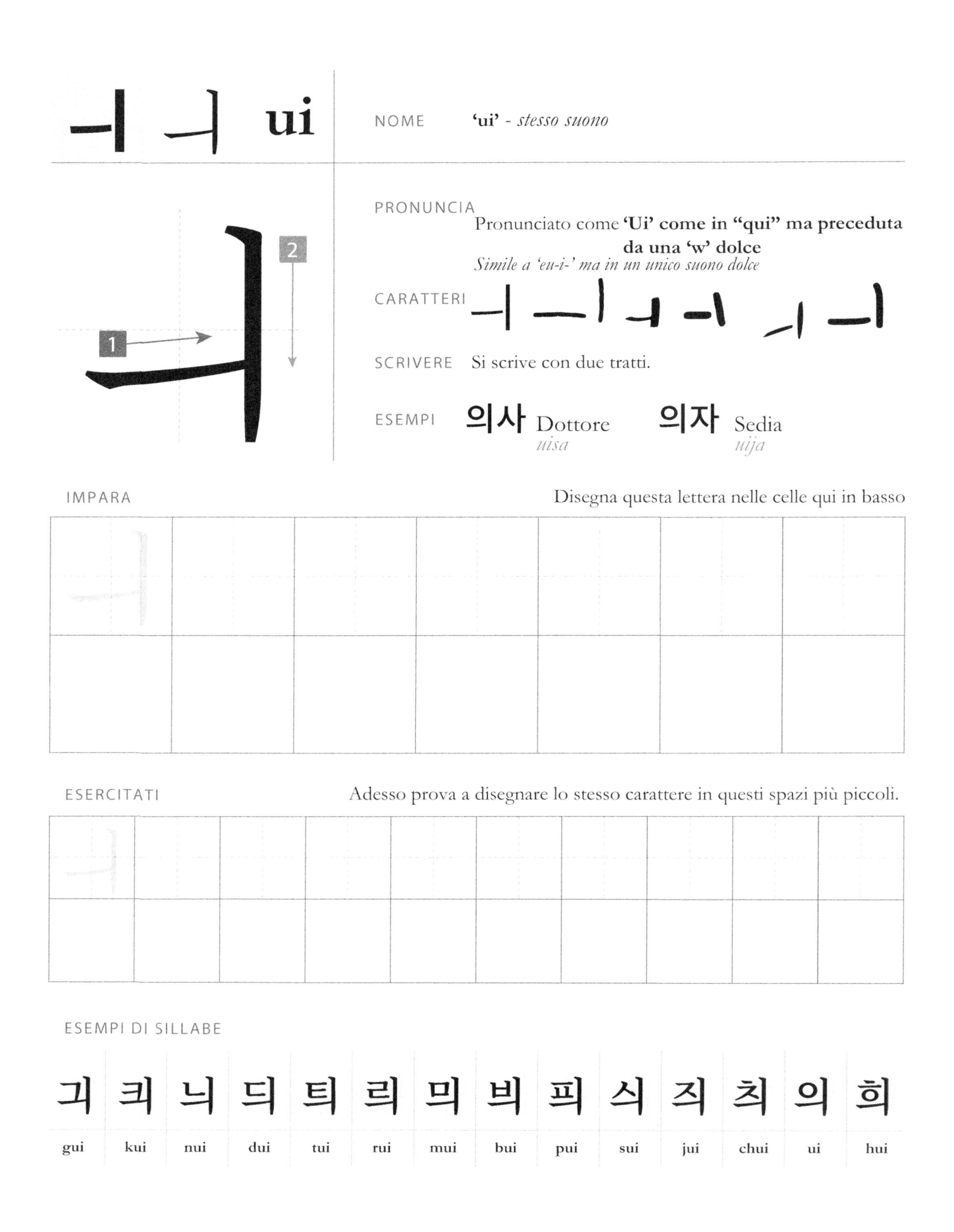

ㄲ ㄲ gg

NOME 쌍기역 **ssang giyeok**

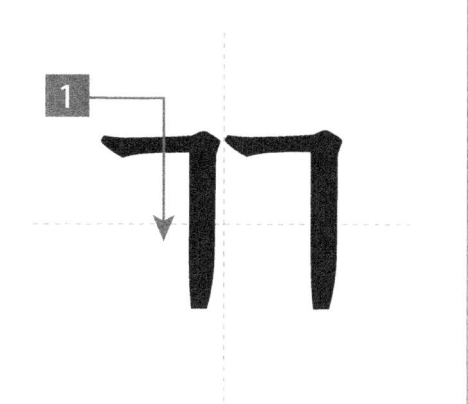

PRONUNCIA Pronunciato come 'g' in grappolo ma più accentuata.
Il suono è simile alla ㄱ *(giyeok) ma più forte e teso.*

CARATTERI ㄲ ㄲ ㄲ ㄲ ㄲ ㄲ

SCRIVERE Formato da due giyeok, ciascuno scritto con un solo tratto.

ESEMPI 낚시 Pescare *naggsi*   토끼 Coniglio *toggi*

IMPARA
Disegna questa lettera nelle celle qui in basso

ESERCITATI
Adesso prova a disegnare lo stesso carattere in questi spazi più piccoli.

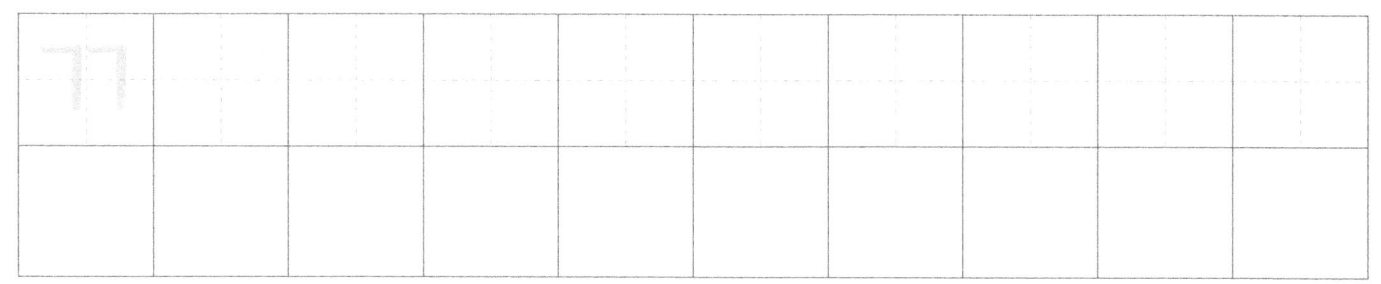

ESEMPI DI SILLABE

까	꺄	꺼	껴	꼬	꾜	꾸	뀨	끄	끼
gga	ggya	ggeo	ggyeo	ggo	ggyo	ggu	ggyu	ggeu	ggi

Doppie Consonanti

ㄸ ㄸ dd

NOME 쌍디귿　ssang digeut

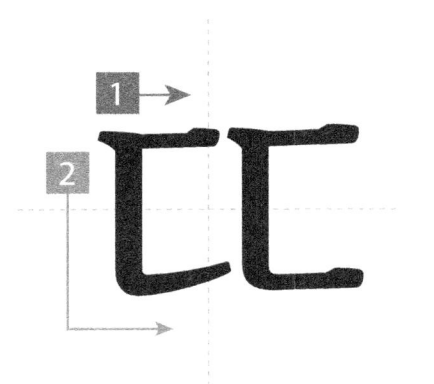

PRONUNCIA Pronunciato come **in domani ma più accentuata.**
Il suono è simile alla ㄷ (digeut) ma più forte e teso.

CARATTERI ㄸ ㄸ ㄸ ㄸ ㄸ ㄸ

SCRIVERE Formato da due digeut, per un totale di quattro tratti.

ESEMPI 머리띠 Fascia per capelli *meoliddi*　뜨거운 Caldo *ddeungeoun*

IMPARA

Disegna questa lettera nelle celle qui in basso

ESERCITATI

Adesso prova a disegnare lo stesso carattere in questi spazi più piccoli.

ESEMPI DI SILLABE

따	땨	떠	뗘	또	뚀	뚜	뜌	뜨	띠
dda	ddya	ddeo	ddyeo	ddo	ddyo	ddu	ddyu	ddeu	ddi

ㅃ ㅃ bb

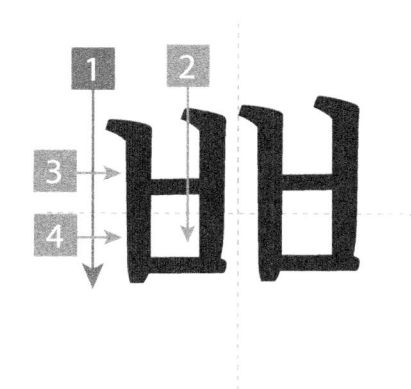

NOME 쌍비읍 ssang bieup

PRONUNCIA Pronunciato come **'b' di barca o banana**.
Il suono è simile alla ㅂ *(bieup) ma più forte e teso.*

CARATTERI ㅃ ㅃ ㅃ ㅃ ㅃ ㅃ ㅃ

SCRIVERE Formato da due bieup, per un totale di otto tratti.

ESEMPI 빵 Pane *bbang*   빠른 Veloce *bbaleun*   바쁜 Occupato *babbeun*

IMPARA
Disegna questa lettera nelle celle qui in basso

ESERCITATI
Adesso prova a disegnare lo stesso carattere in questi spazi più piccoli.

ESEMPI DI SILLABE

빠	뺘	뻐	뼈	뽀	뾰	뿌	쀼	쁘	삐
bba	bba	bbeo	bbyeo	bbo	bbyo	bbu	bbyu	bbeu	bbi

ㅆ ㅆ SS

NOME 쌍 시옷 **ssang siot**

PRONUNCIA Pronunciato come **'ss' di sasso**.
Il suono è simile alla ㅅ (siot) ma più teso.

CARATTERI ㅆ ㅆ ㅆ ㅆ ㅆ ㅆ

SCRIVERE Formato da due siot, per un totale di quattro tratti.

ESEMPI 비싼 Costoso *bissan*   싼 Economico *ssan*

IMPARA

Disegna questa lettera nelle celle qui in basso

ESERCITATI

Adesso prova a disegnare lo stesso carattere in questi spazi più piccoli.

ESEMPI DI SILLABE

싸	쌰	써	쎠	쏘	쑈	쑤	쓔	쓰	씨
ssa	ssya	sseo	ssyeo	sso	ssyo	ssu	ssyu	sseu	ssi

ㅉ ㅉ jj

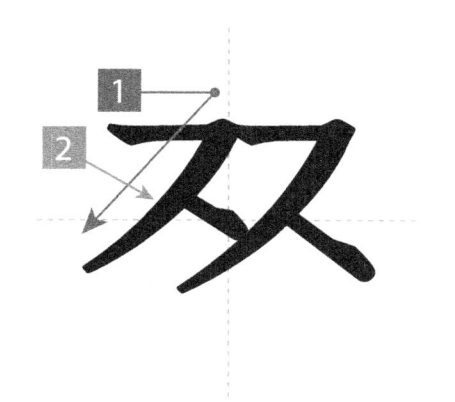

NOME 쌍 지읏 ssang jieut

PRONUNCIA Pronunciato come **'cc' in salsiccia**.
Il suono è simile alla ㅈ (jieut) ma più teso.

CARATTERI ㅉ ㅈㅈ ㅉ ㅉ ㅉ ㅉ

SCRIVERE Formato da due jieut, per un totale di quattro tratti.

ESEMPI 찌개 Stufato o zuppa 짜다 salato
jjigae *jjada*

IMPARA

Disegna questa lettera nelle celle qui in basso

ESERCITATI

Adesso prova a disegnare lo stesso carattere in questi spazi più piccoli.

ESEMPI DI SILLABE

짜	쨔	쩌	쪄	쪼	쬬	쭈	쮸	쯔	찌
jja	jjya	jjeo	jjyeo	jjo	jjyo	jju	jjyu	jjeu	jji

ESERCIZI	Combina le seguenti consonanti con la vocale:						애 **애**		DESCRIVI IL SUONO
ㄱ									
ㅋ									
ㄴ									
ㄷ									
ㅌ									
ㄹ									

ESERCIZI	Combina le seguenti consonanti con la vocale:						애 **애**		DESCRIVI IL SUONO
ㅁ									
ㅂ									
ㅍ									
ㅅ									
ㅈ									
ㅊ									

N.B: GLI ESEMPI RIPORTATI SERVONO ESCLUSIVAMENTE A PRATICARE LA SCRITTURA E POTREBBERO NON ESSERE PAROLE D'USO COMUNE.

ESERCIZI Combina le seguenti consonanti con la vocale: 에 에   DESCRIVI IL SUONO

ㄱ
ㅋ
ㄴ
ㄷ
ㅌ
ㄹ

ESERCIZI Combina le seguenti consonanti con la vocale: 예 예   DESCRIVI IL SUONO

ㅁ
ㅂ
ㅍ
ㅅ
ㅈ
ㅊ

(Vedi le tabelle di riferimento a pagina 123)

ESERCIZI	Combina le seguenti consonanti con la vocale:			외 **외**				DESCRIVI IL SUONO
ㄱ								
ㅋ								
ㄴ								
ㄷ								
ㅌ								
ㄹ								

ESERCIZI	Combina le seguenti consonanti con la vocale:			와 **와**				DESCRIVI IL SUONO
ㅁ								
ㅂ								
ㅍ								
ㅅ								
ㅈ								
ㅊ								

N.B: GLI ESEMPI RIPORTATI SERVONO ESCLUSIVAMENTE A PRATICARE LA SCRITTURA E POTREBBERO NON ESSERE PAROLE D'USO COMUNE.

ESERCIZI	Combina le seguenti consonanti con la vocale:			왜 왜				DESCRIVI IL SUONO
ㄱ								
ㅋ								
ㄴ								
ㄷ								
ㅌ								
ㄹ								

ESERCIZI	Combina le seguenti consonanti con la vocale:			위 위				DESCRIVI IL SUONO
ㅁ								
ㅂ								
ㅍ								
ㅅ								
ㅈ								
ㅊ								

(Vedi le tabelle di riferimento a pagina 123)

ESERCIZI	Combina le seguenti consonanti con la vocale:		워 **워**						DESCRIVI IL SUONO
ㄱ									
ㅋ									
ㄴ									
ㄷ									
ㅌ									
ㄹ									

ESERCIZI	Combina le seguenti consonanti con la vocale:		웨 **웨**						DESCRIVI IL SUONO
ㅁ									
ㅂ									
ㅍ									
ㅅ									
ㅈ									
ㅊ									

N.B: GLI ESEMPI RIPORTATI SERVONO ESCLUSIVAMENTE A PRATICARE LA SCRITTURA E POTREBBERO NON ESSERE PAROLE D'USO COMUNE.

ESERCIZI Combina le seguenti consonanti con la vocale: 의 의   DESCRIVI IL SUONO

ㄱ

ㅋ

ㄴ

ㄷ

ㅌ

ㄹ

ESERCIZI Combina le seguenti consonanti con la vocale: ㄲ ㄲ   DESCRIVI IL SUONO

야

요

오

이

유

어

(Vedi le tabelle di riferimento a pagina 123)

ESERCIZI Combina le seguenti consonanti con la vocale: ㄷㄷ ㄸ   DESCRIVI IL SUONO

아
우
으
여
애
왜

ESERCIZI Combina le seguenti consonanti con la vocale: ㅂㅂ ㅃ   DESCRIVI IL SUONO

외
애
위
예
여
유

N.B: GLI ESEMPI RIPORTATI SERVONO ESCLUSIVAMENTE A PRATICARE LA SCRITTURA E POTREBBERO NON ESSERE PAROLE D'USO COMUNE.

ESERCIZI	Combina le seguenti consonanti con la vocale:		从	ㅆ			DESCRIVI IL SUONO
야							
요							
오							
이							
유							
어							

ESERCIZI	Combina le seguenti consonanti con la vocale:		찌	ㅉ			DESCRIVI IL SUONO
위							
야							
유							
왜							
여							
의							

(Vedi le tabelle di riferimento a pagina 123)

QUIZ RAPIDO! B

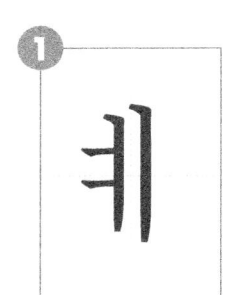

Metti alla prova la tua memoria!

1 케 Questa lettera si pronuncia come ____?
- A. la **'e'** di cena
- B. la **'wo'** di wok
- C. la **'g'** in gatto
- D. la **'ie'** di ieri

2 Quanti dittonghi ci sono nell'alfabeto hangul?
- A. 10
- B. 11
- C. 12
- D. 13

3 Quale dei seguenti blocchi sillabici è sbagliato?

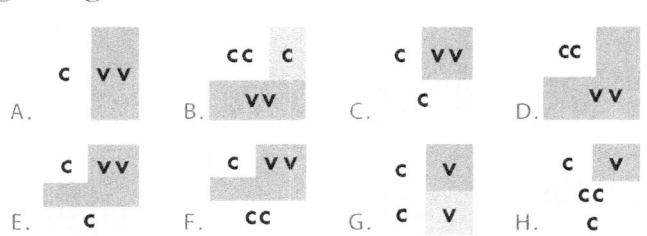

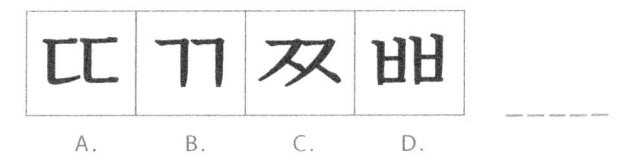

A. B. C. D. E. F. G. H.

4 Scegli i caratteri corretti per la parola **kiwi**:
- A. 그외
- B. 지위
- C. 키위
- D. 끼외

5 귀 Questa lettera si pronuncia come ____?
- A. La 'ui' di oui (francese)
- B. La 'we' di web
- C. La 'wo' di wok
- D. La 'we' di wè (saluto napoletano)

6 깎 Da quanti tratti è composto questo carattere?
Sapresti indicare l'ordine dei tratti sull'immagine?
- A. 6
- B. 8
- C. 10
- D. 12

7 ____ si pronuncia 'ae'?
- A. 켸
- B. 걔
- C. 개
- D. 게

8 Quale di queste consonanti doppie si pronuncia come la **'b'** di barca?

| ㄸ | ㄲ | ㅉ | ㅃ |
| A. | B. | C. | D. |

9 Sapresti indicare cos'è un **컴퓨터**?
- A. **Comico**
- B. **consolatrice**(feminine)
- C. **computer**
- D. **azienda**

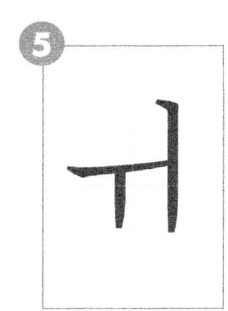

10 Sai scrivere la parola hangeul?

(Vedi le risposte a pagina 128)

Parte 5

CONSONANTI COMPLESSE E FINALI
받침

LE CONSONANTI FINALI

Nel paragrafo dedicato alla costruzione dei blocchi sillabici abbiamo parlato brevemente del 받침 **batchim** (consonante finale): consonanti semplici che vengono pronunciate in maniera leggermente diversa quando si trovano alla fine della sillaba. Un 받침 può ricorrere in una qualsiasi sillaba composta da minimo 3 lettere e può essere formato da caratteri singoli o doppi.

Trattandosi di una caratteristica esclusiva della lingua coreana ed essendo piuttosto difficile da spiegare in un altra lingua, il 받침 è spesso uno dei concetti più complessi per i principianti. In questo capitolo cercheremo di illustrarlo nel modo più semplice possibile.

BATCHIM & GYEOBBATCHIM

Quando l'ultimo spazio di una sillaba è occupato da una consonante singola, quest'ultima prende il nome di 받침 e cambia la pronuncia. Se, invece, la consonante finale è doppia prende il nome di **gyeobbatchim** 겹받침 *(consonante doppia finale)*.

각 — *Consonante finale (batchim)*

Il 겹받침 prevede 11 nuove combinazioni consonantiche da imparare, ciascuna formata da lettere semplici: ㄳ ㄵ ㄶ ㄺ ㄻ ㄼ ㄽ ㄾ ㄿ ㅀ e ㅄ. Diversamente dalle consonanti doppie che abbiamo studiato nel capitolo precedente, queste coppie compaiono **esclusivamente alla fine delle sillaba**.

삶 — *Consonante doppia finale (gyeobbatchim)*

> *Nell'intento di voler rendere le cose più semplici possibili,* ricorda che esistono sette modi per pronunciare i 받침, basati sui suoni di sette consonanti semplici: ㄱ ㄴ ㄷ ㄹ ㅁ ㅂ e ㅇ *(vedi la tabella a pagina 99)*.

CONSIGLIO IMPORTANTE!

Imparare la pronuncia corretta delle consonanti finali richiede estrema attenzione e molta pratica. In italiano non esistono parole che terminano per consonante ma se pensiamo all'inglese, ad esempio alla parola 'stop', possiamo notare che il suono finale risulta aspirato e con un'emissione maggiore di aria. Le lettere finali che formano un 받침, invece, cambiano la loro pronuncia, motivo per cui ti consigliamo di esercitarti a sopprimere quel rilascio d'aria per sviluppare fin da subito una pronuncia quanto più nativa.

Il 곁받침 è formato da due consonanti ma solitamente si articola solo una di esse. La diversa pronuncia dipende dalla presenza o meno di una sillaba successiva e dalla sua lettera iniziale (vocale o consonante).

Quando il 곁받침 si trova alla fine della parola o è seguito da una sillaba che inizia per consonante, bisogna pronunciare solo il primo suono dei caratteri ㄳ ㄵ ㄶ ㄺ ㄽ ㄾ ㅀ e ㅄ. Delle altre coppie ㄻ ㄼ e ㄿ, invece, si articola solo il suono della seconda lettera. Per imparare questa regola in maniera più efficace ti consigliamo di memorizzare le ultime tre coppie delle quali pronunciamo solo la seconda consonante. Per tutte le altre, ti basterà andare per esclusione!

Ai 받침 singoli e doppi seguiti da una sillaba iniziante per vocale si applica un'altra regola. In questi casi il suono finale di una sillaba inizia a unirsi al suono iniziale del blocco sillabico successivo creando suoni più morbidi che rendono più facile la pronuncia. Non preoccuparti, torneremo su questo argomento in seguito!

Questo è l'ultimissimo gruppo di lettere che dovrai imparare:

ㄳ ㄳ k

PRONUNCIA Pronunciare la prima lettera con il suono finale ㄱ

CARATTERI ㄳ ㄳ ㄳ ㄳ ㄳ ㄳ

SCRIVERE Formato da **giyeok** + **siot** per un totale di 3 tratti.

ESEMPI 삯 Stipendi, imposta *sags*   몫 Parte, porzione *mogs*

ESERCITATI   Disegna questa lettera nelle celle qui in basso

ㄵ ㄵ n

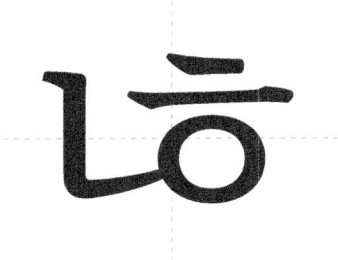

PRONUNCIA Pronunciare la prima lettera con il suono finale ㄴ

CARATTERI ㄵ ㄵ ㄵ ㄵ ㄵ ㄵ

SCRIVERE Formato da **nieun** + **jieut** per un totale di 4 tratti.

ESEMPI 앉다 Sedersi *anjda*   앉으세요 Per favore, siediti *anjeuseyo*

ESERCITATI   Disegna questa lettera nelle celle qui in basso

ㄶ ㄶ n

PRONUNCIA Pronunciare la prima lettera con il suono finale ㄴ

CARATTERI ㄶ ㄶ ㄶ ㄶ ㄶ ㄶ

SCRIVERE Formato da **nieun** + **hieut** per un totale di 4 tratti.

ESEMPI 많다 Molti *manhda*

ESERCITATI   Disegna questa lettera nelle celle qui in basso

ㄺ ㄺ k

PRONUNCIA Pronunciare la seconda lettera con il suono finale ㄱ

CARATTERI ㄺ ㄺ ㄺ ㄺ ㄺ ㄺ

SCRIVERE Formato da **rieul** + **giyeok** per un totale di 4 tratti.

ESEMPI 읽다 Leggere *ilgda*   닭이 Polli *dalgi*

PRACTICE — Disegna questa lettera nelle celle qui in basso

ㄻ ㄻ m

PRONUNCIA Pronunciare la seconda lettera con il suono finale ㅁ

CARATTERI ㄻ ㄻ ㄻ ㄻ ㄻ ㄻ

SCRIVERE Formato da **rieul** + **mieum** per un totale di 6 tratti.

ESEMPI 삶 Vita *salm*   젊다 Essere giovani *jeolmda*

PRACTICE — Disegna questa lettera nelle celle qui in basso

랩 랩 1

PRONUNCIA Pronunciare la prima lettera con il suono finale ㄹ

CARATTERI 랩 ㄹㅂ 랩 랩 랩 ㄹㅂ

SCRIVERE Formato da **rieul** + **bieup** per un totale di 7 tratti.

ESEMPI 짧은 Corto 넓다 Essere ampio, spazioso
jjalbeun *neolbda*

ESERCITATI Disegna questa lettera nelle celle qui in basso

랏 랏 1

PRONUNCIA Pronunciare la prima lettera con il suono finale ㄹ

CARATTERI 랏 ㄹㅅ 랏 랏 랏 ㄹㅅ

SCRIVERE Formato da **rieul** + **siot** per un totale di 5 tratti.

ESEMPI 외곬 Fuori
oegols

ESERCITATI Disegna questa lettera nelle celle qui in basso

ㄹㅌ ㄹㅌ 1

PRONUNCIA Pronunciare la prima lettera con il suono finale ㄹ

CARATTERI ㄹㅌ ㄹㅌ ㄹㅌ ㄹㅌ ㄹㅌ ㄹㅌ

SCRIVERE Formato da **rieul** + **tieut** per un totale di 6 tratti.

ESEMPI 핥다 Leccare
haltda

ESERCITATI Disegna questa lettera nelle celle qui in basso

ㄹㅍ ㄹㅍ p

PRONUNCIA Pronunciare la seconda lettera con il suono finale ㅂ

CARATTERI ㄹㅍ ㄹㅍ ㄹㅍ ㄹㅍ ㄹㅍ ㄹㅍ

SCRIVERE Formato da **rieul** + **pieup** per un totale di 7 tratti.

ESEMPI 읊다 Recitare
eulpda

ESERCITATI Disegna questa lettera nelle celle qui in basso

ㅀ ㅀ l

PRONUNCIA Pronunciare la prima lettera con il suono finale ㄹ

CARATTERI ㅀ ㄹㅎ ㅀ ㅀ ㅀ ㅀ

SCRIVERE Formato da **rieul** + **hieut** per un totale di 6 tratti.

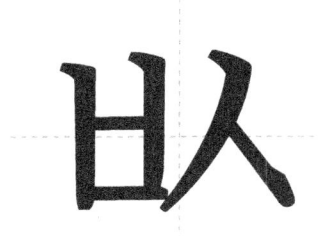

ESEMPI 끓다 Bollire *(un liquido)* 잃다 Perdere
kkeulhda *ilhda*

ESERCITATI Disegna questa lettera nelle celle qui in basso

ㅄ ㅄ p

PRONUNCIA Pronunciare la prima lettera con il suono finale ㅂ

CARATTERI ㅄ ㅂㅅ ㅄ ㅄ ㅄ ㅄ

SCRIVERE Formato da **bieup** + **siot** per un totale di 6 tratti.

ESEMPI 값을 Prezzo 없다 Non esistere, non avere
gabseul *eobsda*

ESERCITATI Disegna questa lettera nelle celle qui in basso

ESERCIZI   Costruisci i blocchi sillabici usando le lettere della colonna sinistra | DESCRIVI IL SUONO

ㄱ + 아 + ㄳ						
ㅁ + 요 + ㄵ						
ㅂ + 우 + ㄶ						
ㄲ + 이 + ㄺ						
ㅍ + 애 + ㄻ						
ㅅ + 에 + ㄼ						
ㅈ + 야 + ㄽ						
ㅃ + 어 + ㄾ						
ㅊ + 유 + ㄿ						
ㅌ + 여 + ㅀ						
ㄹ + 오 + ㅄ						
ㄷ + 얘 + ㄵ						
ㅋ + 으 + ㄻ						
ㅆ + 우 + ㄾ						

(Vedi le risposte a pagina 127)

ESERCIZI Costruisci i blocchi sillabici usando le lettere della colonna sinistra						DESCRIVI IL SUONO
ㅍ + 야 + ㄻ						
ㅂ + 애 + ㄼ						
ㄹ + 와 + ㄳ						
ㅈ + 유 + ㄺ						
ㅃ + 야 + ㄿ						
ㄴ + 왜 + ㄲ						
ㅎ + 오 + ㅀ						
ㅂ + 이 + ㅄ						
ㅁ + 위 + ㄳ						
ㄸ + 아 + ㄼ						
ㅅ + 우 + ㄺ						
ㄴ + 워 + ㄵ						
ㅉ + 왜 + ㄶ						
ㄷ + 예 + ㄹ						

N.B.: GLI ESEMPI RIPORTATI SERVONO ESCLUSIVAMENTE A PRATICARE LA SCRITTURA E POTREBBERO NON ESSERE PAROLE D'USO COMUNE.

ESERCIZI Costruisci i blocchi sillabici usando le lettere della colonna sinistra | DESCRIVI IL SUONO

ㄱ + 예 + ㄻ					
ㄲ + 와 + ㄼ					
ㅁ + 으 + ㄲ					
ㅋ + 야 + ㄺ					
ㅈ + 애 + ㄶ					
ㅃ + 요 + ㄿ					
ㅊ + 아 + ㅀ					
ㅌ + 유 + ㄾ					
ㅂ + 왜 + ㅄ					
ㅍ + 오 + ㄵ					
ㄹ + 의 + ㄶ					
ㄷ + 이 + ㄹ					
ㅋ + 애 + ㄻ					
ㅎ + 요 + ㄳ					

(Vedi le risposte a pagina 127)

QUIZ RAPIDO! C

Metti alla prova la tua memoria!

1) 낯

Che suono produce la coppia ㄵ?
- A. La 'g' di gomma
- B. La 'c' di tacco
- C. La 't' di carta
- D. La 's' di serpente

2) Quanti caratteri 겹받침 ci sono?
- A. 7
- B. 9
- C. 11
- D. 13

3) Per quali caratteri 겹받침 si pronuncia la seconda lettera alla fine della parola?

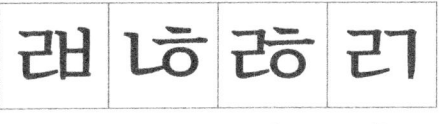

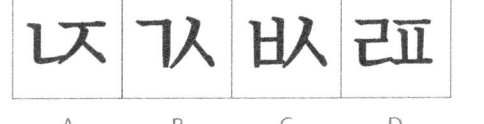

ㅐ	ㄶ	ㅀ	ㄺ
A.	B.	C.	D.

4) Esistono ___ suoni 받침 semplificati?
- A. 8
- B. 7
- C. 6
- D. 5

5) 외곬

Che suono produce la lettera ㄹ?
- A. La 'm' di mamma
- B. La 's' di salutare
- C. La 'l' di lampada
- D. È muta

6) 닭

Che suono produce la
- A. La 'g' di gomma
- B. La 'c' di tacco
- C. La 'l' di lampada
- D. La 'r' di rana

7) La pronuncia corretta di 맑게 è:
- A. [말께]
- B. [마께]
- C. [말게]
- D. [마게]

8) Quale coppia si pronuncia come la 'c' di casa quando è seguita da una sillaba iniziante per vocale?

ㄵ	ㄳ	ㅄ	ㄿ
A.	B.	C.	D.

9) La pronuncia corretta di 값을 è:
- A. [갓블]
- B. [가블]
- C. [가쁠]
- D. [갑슬]

10) 삶에

Che suono produce la lettera ㄹ?
- A. La 'm' di mamma
- B. La 's' di salutare
- C. La 'l' di lampada
- D. È muta

(Vedi le risposte a pagina 128)

Parte 6

CAMBIAMENTI DI SUONO E REGOLE

I CAMBIAMENTI DI SUONO

La maggior parte delle parole coreane è formata da più blocchi sillabici e, di conseguenza, all'interno di una frase o di un testo ce ne sono moltissimi! La combinazione delle sillabe che compongono le parole implica l'accostamento di varie lettere che, quando vengono pronunciate insieme, danno vita a suoni diversi. Questo fenomeno si verifica in tutte le lingue, soprattutto durante le più veloci e imprecise conversazioni informali.

Per sviluppare una pronuncia più naturale e omogenea esistono una serie di regole sul cambiamento di suono che dovrai imparare a mettere in pratica. Queste descrivono le alterazioni di suono che ricorrono nel punto in cui determinate lettere e sillabe si incontrano. Per i principianti questo aspetto della lingua comporta sempre qualche difficoltà, dato che la forma scritta delle parole è diversa dalla loro pronuncia.

In questo capitolo esamineremo una serie di regole sul cambiamento di suono che potrebbero non essere del tutto adatte a un principiante. Rispetto ai capitoli precedenti, in cui abbiamo semplicemente imparato l'alfabeto, le nozioni che stai per studiare ti sembreranno molto più approfondite. Ma siamo sicuri che queste pagine ti saranno utili in futuro, quando ti imbatterai in qualche nuovo termine dalla pronuncia poco chiara.

La cattiva notizia per i principianti è che queste regole devono essere imparate a memoria così come sono. All'inizio ti sembreranno tante e noiose ma, quando avrai capito il loro utilizzo e le metterai in pratica, ti torneranno utilissime per imparare a pronunciare il coreano in maniera più naturale e a sviluppare un accento da madrelingua!

ORTOGRAFIA VS. PRONUNCIA

약 & **약** = *stessa pronuncia* | **짚** & **집** = *stessa pronuncia*

In italiano siamo soliti pronunciare le parole così come sono scritte, ma chi studia l'inglese o il francese come lingua straniera avrà sicuramente incontrato simili difficoltà nella lettura. Esistono parole inglesi molto comuni che, seppur palesemente scritte in modo diverso, hanno la stessa pronuncia - ad esempio 'way' (modo, strada) e 'weigh' (pesare). Come le distinguiamo? Principalmente dal contesto della frase in cui ricorrono e dall'ortografia, che deve sempre differenziarsi per permetterci di comprendere l'origine della parola o il suo significato più profondo.

I cambiamenti di suono

L'ASSIMILAZIONE

Per assimilazione di suono si intende il fenomeno fonatorio che unisce la consonante finale di una sillaba alla lettera iniziale della sillaba successiva, cambiando il suono di entrambe o di una di esse. Quando compaiono singolarmente, le sillabe e le lettere riproducono esattamente gli stessi suoni che hai imparato studiando l'alfabeto. L'assimilazione si manifesta solo quando i vari caratteri vengono pronunciati consecutivamente a velocità naturale.

Alcune delle seguenti regole si applicano in maniera generica, mentre altre sono molto specifiche, arrivando perfino a stabilire come una determinata lettera deve essere pronunciata in un dato contesto. Vediamo un primo esempio delle molte regole sul cambiamento di suono che studieremo insieme in questo capitolo:

ㄴ+ㄹ OR ㄹ+ㄴ = ㄹ+ㄹ

연락 → 열락

Ortografia   Pronuncia

잘난 → 잘란

❶ Al contrario, quando a cavallo tra due sillabe troviamo due ㄹ le leggeremo come* una sola 'L'.

❷ Quando, a cavallo tra due sillabe, ci sono le lettere ㄴ e ㄹ, pronunciamo la ㄴ come se fosse ㄹ articolando il suono di una doppia 'L' (o '-ll'). Questo vale in entrambi i casi:

Un esempio perfetto di assimilazione è la parola inglese 'handbag' (borsa con i manici). Nel pronunciare questa parola in una conversazione informale gli inglesi raramente articolano ogni lettera, producendo di solito un suono più simile a 'ham--bag': il suono 'n-' di 'hand' (mano) si tramuta in 'm-', assimila il suono 'd-' e si unisce direttamente alla 'b-' di bag. Così facendo, la pronuncia diventa più lineare e rapida.

**Questa regola presenta numerose eccezioni, ma che tralasceremo per evitare che l'argomento diventi troppo complesso per gli obiettivi del libro. Volendo fornire un esempio, quando aggiungiamo un carattere a una parola, ㄴ+ㄹ diventa ㄴ+ㄴ.

LA RISILLABAZIONE

La **risillabazione** è una forma di assimilazione molto ricorrente nella lingua coreana, e consiste nel cambiare il suono delle parole sillabate quando determinate lettere si incontrano e interagiscono. Tali regole si applicano in maniera piuttosto generica, a parte la seguente eccezione:

❶ Quando a una sillaba 받침 segue una sillaba iniziante per vocale, bisogna **allungare il suono della consonante finale.**

Eccezioni: le sillabe che terminano con ㅇ (ng) non cambiano, né vengono allungate. Se una sillaba finisce con la lettera ㅎ, il suono '-h' diventa molto debole, quasi muto*

Tenendo ben a mente che nel primo spazio dei blocchi sillabici che iniziano per vocale si trova sempre la consonante muta ㅇ, nel suono finale la ㅇ verrà sostituita. Come primo esempio esaminiamo la parola coreana per 'musica':

| Ha una consonante finale → 음 아 ← Inizia per vocale | 음 ↗ 아 | [으막] Pronuncia |

옷을 → 오슬   책을 → 채글

앞이 → 아피   질문이 → 질무니

꽃을 → 꼬츨   알았어요 → 아라써요

Nel parlato, a volte, anche in italiano pratichiamo la risillabazione e nel tempo la loro pronuncia "unita" si è affermata anche a livello ortografico. Pensiamo alla locuzione 'l'altro ieri'. Di solito separi le parole 'l'altro' e 'ieri'? Sicuramente no, le pronunci come se fossero un'unica parola (e, infatti, alcuni dizionari accettano anche la versione ortografica 'altroieri'). *In coreano si applica esattamente lo stesso principio!*

Se è vero che i suoni ㅎ si perdono a cavallo tra due sillabe, quando la lettera ㅎ è affiancata da determinate consonanti può ancora influenzare la pronuncia delle consonanti successive, rendendone il suono più duro o aspirato. Ma di questo ne riparleremo più avanti!

I cambiamenti di suono

I cambiamenti di suono caratterizzano anche i 겹받침 e seguono regole speciali piuttosto complesse che andranno imparate col tempo. Pur non essendo fondamentali per chi ha iniziato da poco a studiare il coreano, è importante che tu ne conosca l'esistenza fin da subito.

In generale, nel pronunciare una sillaba formata da 4 lettere bisogna articolare solo una (solitamente la prima) delle due consonanti del 겹받침 In particolare, questa regola si applica quando la sillaba compare singolarmente.
Vediamo insieme le altre regole di base:

② Quando le doppie 받침 sono seguite da sillabe che iniziano per vocale, bisogna pronunciare entrambe le consonanti: la lettera doppia si divide e il suono della seconda consonante si allunga fino a sostituire la lettera muta ㅇ

Spelling   Pronunciation
읽어 → 일거
SIGNIFICATO *leggere*

값을 → 갑슬
SIGNIFICATO: *prezzo, costo*

삶에 → 살메
SIGNIFICATO *vita*

③ Quando i 겹받침 sono seguiti da una sillaba che inizia per consonante, o è l'ultima sillaba di una parola, si pronuncia solo una delle due consonanti.

In **ㄺ**, **ㄻ**, e **ㄿ**, *di solito* si pronuncia la seconda consonante, mentre in tutte le altre consonanti doppie finali si pronunciano i suoni a partire dalla prima delle lettere minuscole.

Eccezioni: se **ㄿ** è seguita da ㄱ come consonante iniziale, allora si pronuncia come **ㄹ**,

넋 → 넉   값 → 갑   삶 → 삼

Ricorda che tali regole si applicano solo alla pronuncia delle sillabe e delle parole, e solo in determinate combinazioni e/o posizioni. L'ortografia rimane invariata.

NASALIZZAZIONE

La nasalizzazione è una tipologia di assimilazione che coinvolge solo le combinazioni di caratteri da dover pronunciare con un suono più nasale. Tutte le consonanti seguite da lettere nasali come ㄴ e ㅁ ('-n' e -m') assumeranno anch'esse un suono più nasalizzato.

Abbiamo realizzato una tabella riassuntiva di riferimento (vedi sotto) dei vari cambiamenti di suono, inserendo anche alcuni esempi per aiutarti a identificare il punto preciso in cui il suono cambia. Ma ricorda che l'unica, vera chiave per impararli è la pratica:

Consonante finale (scritta)	Seguita dalla lettera:	Suono assimilato, da batchim a nasale:	Cambiamento di suono con esempio:
ㄱ ㅋ ㄲ	+ ㄴ	ㄱ → ㅇ	죽는 → 중는
ㄱ	+ ㅁ	ㄱ → ㅇ	국물 → 궁물
ㅂ ㅍ	+ ㄴ	ㅂ → ㅁ	밥맛 → 밤맛
ㅂ ㅍ	+ ㅁ	ㅂ → ㅁ	앞문 → 암문
ㄷ ㅌ ㅈ ㅊ ㅅ ㅆ ㅎ	+ ㄴ + ㅁ	ㄷ → ㄴ	몇년 → 면년 있는 → 민는 듣는 → 든는

Quando si impara una nuova lingua capita spesso di tralasciare simili regole di fonetica per concentrarsi sullo studio delle sillabe, imparando semplicemente i suoni dei singoli caratteri. Sappi, però, che ignorando queste particolarità svilupperai quasi sicuramente una pronuncia coreana goffa e molto lontana da quella reale. Dunque vale la pena memorizzarle con calma fin da subito!

I cambiamenti di suono

LA PALATALIZZAZIONE

La palatalizzazione comporta l'emissione di un suono completamente nuovo quando si pronunciano determinate combinazioni di lettere. Si tratta di un altro cambiamento di suono un po' difficile da spiegare ma che, per fortuna, è poco diffuso nelle conversazioni e nei discorsi colloquiali.

Cambiamenti di suono come questo tendono a verificarsi spontaneamente quando cerchiamo di articolare i singoli suoni in rapida successione. *Potrebbe capitare anche a te proprio mentre studi il coreano!*

Un esempio italiano che fornisce un'idea (molto generale) di palatalizzazione è la pronuncia di 'gli' ('aglio', 'coniglio'). In tal caso il suono delle singole lettere si combina a formare un nuovo suono che non esiste a livello ortografico.

Adesso osserviamo alcuni casi di palatalizzazione nel coreano:

❶ ㄷ + 이 → 지

Quando la consonante finale ㄷ incontra la lettera 이 si pronuncia come ㅈ. La vocale muta ㅇ viene dunque sostituita creando il suono 지.

굳이 → 구지
해돋이 → 해도지

❷ ㅌ + 이 → 치

Quando la consonante finale ㅌ incontra la lettera 이 si pronuncia come ㅊ. La vocale muta ㅇ viene anche qui sostituita per creare un unico suono 치.

같이 → 가치
밭이 → 바치

❸ ㄷ + 히 → 치

Il suono 치 si emette anche quando ㄷ incontra 히, solo che questa volta ad essere sostituita è la consonante ㅎ.

묻히 → 무치
닫히다 → 다치다

CAMBIAMENTI DI SUONO CON ㅎ

Quando la lettera ㅎ si trova tra vocali o segue consonanti sonore più nasali come ㄴ, ㄹ, ㅁ e ㅇ viene spesso attenuata fino a diventare impercettibile (specialmente per chi non è madrelingua). Per questo motivo la ㅎ viene erroneamente definita "muta". Se ascoltiamo una conversazione tra coreani questo suono sembra essere del tutto assente, ma in un discorso più lento può essere percepito nonostante sia molto debole.

좋아요 → 조아요 공부하다 → 공부아다
(significato - è buono) *(significato - studiare)*

Livello avanzato: essendo la forma verbale più utilizzata, ti troverai spesso di fronte alla sillaba 하다. Tuttavia, raramente si pronuncia così com'è scritta, bensì 아다.

ASPIRAZIONE

Quando le consonanti aspirate ㄱ, ㄷ, ㅂ, e ㅈ incontrano la lettera ㅎ, sia prima che dopo, accentuano con forza il suono aspirato (diventando rispettivamente ㅋ, ㅌ, ㅍ, e ㅊ). La pronuncia delle consonanti aspirate richiede una maggiore fuoriuscita di aria e, quando si combinano alla consonante aspirata ㅎ, è proprio quest'ultima a fornire la forza aggiuntiva necessaria a produrre una maggiore aspirazione:

①
- ㅎ + ㄱ → ㅋ
- ㅎ + ㄷ → ㅌ
- ㅎ + ㅂ → ㅍ
- ㅎ + ㅈ → ㅊ

②
- ㄱ + ㅎ → ㅋ
- ㄷ + ㅎ → ㅌ
- ㅂ + ㅎ → ㅍ
- ㅈ + ㅎ → ㅊ

Esempi:

- 좋고 → 조코
- 닿다 → 다타
- 좋지 → 조치
- 어떻게 → 어떠케
- 국화 → 구콰
- 집회 → 지푀
- 맞히다 → 마치다

'INTENSIFICATION' & 'REINFORCEMENT'

Quando le consonanti compaiono in posizione adiacente spesso generano un cambiamento di suono che rende più semplice l'intera pronuncia. Queste regole interessano una serie di cambiamenti fonetici che presentano sia molte costanti che numerose eccezioni. Questo non solo le rende difficili da descrivere in modo completo ma, come puoi immaginare, per un principiante sono sempre piuttosto complesse da comprendere a fondo!

Ciò che rende il tutto più complicato è che la maggior parte dei coreani non impara mai a parlare applicando questo tipo di regole, ma le adottano in modo spontaneo. Ancora confuso?

In parole povere, quando una sillaba termina con una certa consonante e la sillaba adiacente inizia con ㄱ,ㄷ,ㅂ,ㅅ, o ㅈ, il loro suono raddoppia = ㄲ,ㄸ,ㅃ,ㅆ,ㅉ.

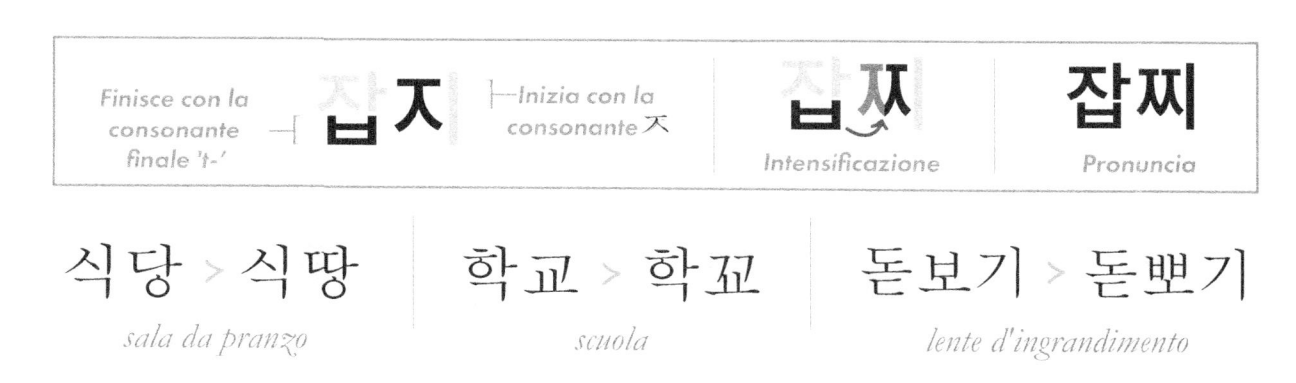

| Finisce con la consonante finale 'ㅂ' → 잡지 ←Inizia con la consonante ㅈ | 잡ㅉ Intensificazione | 잡찌 Pronuncia |

식당 > 식땅
sala da pranzo

학교 > 학꾜
scuola

돋보기 > 돋뽀기
lente d'ingrandimento

Per abbreviare i suoni 받침 (come ㅂ) alla fine di una parola o di una sillaba isolata, sopprimiamo il rilascio di aria che normalmente segue questo tipo di lettere. Per intenderci, posiziona la mano davanti alla bocca e pronuncia 'tar' e 'stalla' - senti che l'aria colpisce la mano quando articoli la 't-' in 'tar' ma non in 'stalla'?

Quando incontriamo una di queste consonanti rinforzanti, possiamo convertire qualsiasi forza accumulata dalla soppressione dell'aspirazione in 받침 per intensificare il suono della lettera seguente. Così facendo, il suono diventa più corto e più acuto, con un'emissione d'aria più intensa.

Nota: la consonante finale ㅎ intensifica solo la ㅅ iniziale, trasformandolo nel suono ㅆ all'inizio.

좋습니다 → 조씁니다   SIGNIFICATO: *buono*
Ortografia   Pronuncia

ECCEZIONI PIÙ COMUNI

La maggior parte delle eccezioni si impara semplicemente praticando il più possibile la lingua. Per gli scopi di questo manuale non riteniamo opportuno presentarle tutte, ma solo le più frequenti:

1 Le eccezioni di assimilazione ricorrono quando ㅁ o ㅇ in posizione 받침 incontrano ㄹ in posizione iniziale. In entrambi i casi, ㄹ viene sostituito dal suono ㄴ.

| ㅁ OR ㅇ + ㄹ | 음력 → 음녁 *lunar calendar* |

Eccezioni meno comuni con consonanti che si comportano diversamente davanti alla lettera ㄹ includono, per esempio, le lettere ㄱ, ㄷ o ㅂ (+ㄹ) che diventano rispettivamente ㅇ,

2 In posizione finale, la lettera ㅎ si pronuncia ㄷ, ma quando incontra la lettera ㄴ come consonante iniziale, si pronuncia come una doppia ㄴ:

| ㅎ + ㄴ = ㄴ + ㄴ | 닿는 → 단는 *toccare, raggiungere* |

3 In posizione finale, la lettera ㅅ si pronuncia come ㄷ, ma a sua volta ㄷ si pronuncia ㅌ quando è seguita da ㅎ. Pertanto, quando la lettera ㅅ è seguita da ㅎ subisce due cambiamenti di suono in una volta sola e si pronuncia ㅌ:

| ㅅ + ㅎ = ㅌ | 못하다 > 모타다 *Incapace di, non potere* |

4 La lettera ㅅ acquista il suono 'sh-' quando è unita alle vocali 이 여 야 요 e 유, ma trasforma il suono in 's-' quando è vicina alle vocali 아 어 우 오 으 애 o 에:

| ㅅ = 's-' OR 'sh-' | 샴푸 *shampoo* [syam-pu]   사서 *bibliotecario* [sa-seo] |

LA SEMPLIFICAZIONE

La pronuncia batchim può essere semplificata in uno dei sette suoni riportati nella tabella sottostante.

	ㄱ	ㅋ	→ ㄱ	'-c' come in 'tacco', ma cercando di trattenere l'aria in gola invece di rilasciarla alla fine.
(ㄲ)	ㄳ	ㄺ		
		ㄴ	→ ㄴ	'-n' come in 'mano'
	ㄵ	ㄶ		
	ㄷ	ㅌ ㅎ	→ ㄷ	'-p' come in 'scarpa'
	ㅅ	ㅈ ㅊ		
(ㅆ)	(ㅉ)✗	(ㄸ)✗**		
	ㄹ	ㄽ	→ ㄹ	'-t' come in 'chat'
ㄼ	ㄾ	ㅀ		
	ㅁ	ㄻ	→ ㅁ	'-m' come in 'samba'
	ㅂ	ㅍ	→ ㅂ	'-ng' come in 'angolo'
**(ㅃ)✗	ㅄ	ㄿ		
		ㅇ	→ ㅇ	'l-' in 'Carlo', con la punta della lingua che tocca il palato

= gyeobbatchim (consonante doppia finale)   ◯ = consonante doppia (lettera normale)   ⬚ = entrambe

*Queste lettere non sono mai utilizzate in posizione finale come batchim (consonanti finali).

Sound Changes

LA L 'INTRUSIVA' ㄴ

In coreano spesso capita di sentire una ㄴ "di troppo". Questo fenomeno potrebbe essere paragonato, a grandi linee, al modo in cui anche in inglese alcune parole sono pronunciate con suoni diversi dalla loro ortografia (ad esempio il '-th' pronunciato come "-f" interdentale). Benché non sia esattamente la stessa cosa, questo esempio fornisce un'idea del tipo di cambiamento di suono prodotto dalla "ㄴ intrusiva'!

È una regola piuttosto curiosa, e pur trattandosi di una caratteristica troppo avanzata per i principianti, vale la pena capirla perché molto frequente. In circostanze speciali, in cui non si applicano altre regole di pronuncia, può comparire il suono ㄴ per facilitare l'articolazione della parola. Vediamo come si aggiunge ad alcune parole composte, ovvero due parole unite insieme per creare un nuovo significato.

꽃잎 → 꼰닙   SIGNIFICATO *petalo*

Questo è un fantastico esempio di parola composta, formata da fiore 꽃 + foglia 잎, e pronunciata applicando la regola della ㄴ intrusiva.

La pronuncia della ㄴ intrusiva si verifica quando entrambi i caratteri rappresentano parole a sé stanti (come nell'esempio qui sopra). È inoltre necessario che la prima parola finisca con un 받침 (in questo caso la lettera ㅊ) e la seconda inizi con una delle seguenti 5 vocali: ㅣ ㅑ ㅕ ㅛ o ㅠ.

Notiamo come la versione scritta di questa parola (a sinistra) è molto diversa dalla sua articolazione (trascritta a destra). Nello schema qui in basso osservarviamo come in questo stesso esempio ricorrano anche altre regole di cambiamento di suono:

꽃잎 →	꽃닙 →	꼰닙 →	꼰닙
Ortografia	+ ㄴ Rule	Nasalizzazione	La Semplificazione

Nota: se la consonante finale è ㄹ, la ㄴ intrusiva va pronunciata come ㄹ.

Se dovesse capitarti di parlare con un coreano, in quanto straniero, verresti capito perfettamente anche se una di queste regole dovesse sfuggirti. La ㄴ intrusiva, come detto all'inizio, è piuttosto avanzata per un principiante!

Parte 7

PAROLE UTILI E VOCABOLARIO DI BASE

I NUMERI

La lingua coreana presenta **due sistemi numerici**, entrambi usati regolarmente nella vita quotidiana. *Ciò vuol dire che dobbiamo impararli entrambi!* Il primo sistema è chiamato **sino-coreano**, il secondo può essere definito '*coreano puro*' o '**coreano nativo**'. I due sistemi si usano diversamente a seconda della situazione, e in alcuni contesti si combinano.

Il termine **sino-coreano** denota quegli elementi della lingua coreana che trovano origine in Cina o ne sono stati influenzati. Quasi due terzi del vocabolario coreano è sino-coreano e può essere scritto sia in hangul sia con un altro alfabeto chiamato *hanja (in caratteri cinesi)*.

I sistemi numerici coreani possono apparire complessi, ma entrambi seguono una logica a noi familiare e, per formare i numeri di cui abbiamo bisogno al momento, ci occorre conoscere solo un gruppo relativamente piccolo di parole.

#	Coreano 'nativo'		Sino-coreano	
0	영*	[yeong]	공*	[gong]
1	하나	[ha-na]	일	[il]
2	둘	[dul]	이	[i]
3	셋	[set]	삼	[sam]
4	넷	[net]	사	[sa]
5	다섯	[da-seot]	오	[o]
6	여섯	[yeo seot]	육	[yuk]
7	일곱	[il-gop]	칠	[chil]
8	여덟	[yeo-deol]	팔	[pal]
9	아홉	[a-hop]	구	[gu]
10	열	[yeol]	십	[sip]

Come i due sistemi sono generalmente utilizzati:

Sino-coreano

- Tempo (solo i minuti)
- Indirizzi
- Numeri di telefono
- Sport/punteggio
- Soldi
- Date
- Misure
- ...e tutto il resto!

Coreano nativo

- Tempo (solo le ore)
- Contare le persone
- Contare gli oggetti
- Esprimere una successione/sequenza
- Indicare le epoche

Nota bene:

I numeri coreani nativi arrivano fino al 99, mentre quelli *sino-coreani* dal 100 in poi.

I numeri nativi coreani cambiano leggermente la loro forma quando si usano in funzione di aggettivo. Ma niente paura, le parole mostrate in questo paragrafo si adattano perfettamente a quasi tutti i contesti.

*Entrambe le versioni del numero zero sono hanja, ossia derivanti dal cinese, ma tendiamo ad usare 공 per i numeri sino-coreani.

Vocabolario e riepilogo

I numeri **sino-coreani** sono abbastanza facili da imparare! Una volta che avrai memorizzato i numeri da 1 a 10, la maggior parte delle cifre più grandi si forma semplicemente aggiungendo ai primi dieci numeri le parole che esprimono le decine, le centinaia, le migliaia e così via. Per intenderci, tra 19 e 100 non esistono parole composte come 'venti' o 'trenta', diremo invece 'due-dieci' o 'tre-dieci'. È come se le cifre singole davanti ai numeri grandi si moltiplicassero, mentre quelle che seguono si sommano:

2	이	*due*
12	십이	*dieci--due*
20	이십	*due--dieci*
22	이십이	*due--dieci--due*
200	이백	*due--cento*
202	이백이	*due--cento-------------due*
212	이백십이	*due-cento-----------dieci--due*
220	이백이십	*due--cento--due--dieci*
222	이백이십이	*due--cento--due--dieci--due*

10	>	십
100	>	백
1,000	>	천
10,000	>	만
100,000	>	십만
1,000,000	>	백만
10,000,000	>	천만

...i numeri si moltiplicano anche oltre 10,000

Le cifre "tonde" dal 100 in su si possono esprimere in due modi: come 일백 'uno-cento' o, più comunemente, come 백 '*cento*'. Lo stesso vale per 일천 '*uno-mila*' e 천 '*mille*' (sono intercambiabili).

I numeri coreani **'nativi'**, invece, arrivano fino a 99 e funzionano in modo leggermente diverso:

oltre alle singole cifre bisogna imparare delle parole specifiche per ogni multiplo di 10, che andranno poi sommate. Osserviamo gli esempi nella tabella qui a destra, dove le decine vengono poi sommate al numero 둘 (2):

10	열	*[yeol]*	>	12	열둘
20	스물	*[seu-mul]*	>	22	스물둘
30	서른	*[seo-reun]*	>	32	서른둘
40	마흔	*[ma-heun]*	>	40	마흔둘
50	쉰	*[swin]*	>	52	쉰둘
60	예순	*[ye-sun]*	>	62	예순둘
70	일흔	*[il-heun]*	>	70	일흔둘
80	여든	*[yeo-deun]*	>	82	여든둘
90	아흔	*[a-heun]*	>	92	아흔둘

ESERCIZI   Esercitati a scrivere i **numeri coreani 'nativi'** nelle tabelle qui in basso:

1	하나
2	둘
3	셋
4	넷
5	다섯
6	여섯
7	일곱
8	여덟
9	아홉
10	열
12	열둘
15	열다섯
18	열여덟
19	열아홉

ESERCIZI Esercitati a scrivere i **numeri coreani 'nativi'** nelle tabelle qui in basso:

20	스	물						
30	서	른						
40	마	흔						
50	쉰							
60	예	순						
70	일	흔						
80	여	든						
90	아	흔						
24	스	물	넷					
57	쉰	일	곱					
61	예	순	하	나				
73	일	흔	셋					
86	여	든	여	섯				
92	아	흔	둘					

ESERCIZI Esercitati a scrivere i **numeri sino-coreani** nelle tabelle qui in basso:

0	공								
1	일								
2	이								
3	삼								
4	사								
5	오								
6	육								
7	칠								
8	팔								
9	구								
10	십								
100	백								
1,000	천								
10,000	만								

ESERCIZI   Esercitati a scrivere i **numeri sino-coreani** nelle tabelle qui in basso:

11	공	일						
19	십	구						
23	이	십	삼					
77	칠	십	칠					
125	백	이	십	오				
199	백	구	십	구				
201	이	백	일					
358	삼	백	오	십	팔			
540	오	백	사	십				
999	구	백	구	십	구			
1001	천	일						
2054	이	천	오	십	사			
9,999	구	천	구	백	구	십	구	

GIORNI E MESI

Esercitati a scrivere i giorni della settimana nelle tabelle qui in basso:

I nomi dei giorni della settimana sono sino-coreani, ispirati a cinque elementi naturali (della cultura cinese) e a due corpi celesti *(il sole e la luna)*. Anche i nomi dei mesi sono sino-coreani, nonostante seguano il sistema numerico che abbiamo appena imparato.

Per scrivere una data in coreano si utilizza lo stesso sistema delle lingue occidentali. Se volessimo scrivere il giorno del nostro compleanno disporremo i numeri in questo modo: ANNO년 MESE월 GIORNO일, e il numero dell' anno può anche essere ridotto alle ultime due cifre. Una volta che avrai imparato i numeri sino-coreani e i nomi degli anni, dei giorni e dei mesi, potrai facilmente scrivere qualsiasi data. Ad esempio, il giorno dell'alfabeto hangul ricorre il 9 ottobre, ovvero il 10월 9일 ...o 시월 구일.

N.B.: in questo contesto 일 significa 'giorno' ma vuol dire anche 'lavoro' se compare singolarmente. La seconda parte del nome dei giorni, 요일, può anche essere abbreviata alla sola prima sillaba.

Inoltre, i caratteri iniziali di ogni nome non sempre assumono la stessa forma in altri contesti. Ad esempio, 'sole' è 태양, e non 일.

LUNEDÌ 월 *LUNA*	월	요	일					
MARTEDÌ 화 FUOCO	화	요	일					
MERCOLEDÌ 수 ACQUA	수	요	일					
GIOVEDÌ 목 BOSCO	목	요	일					
VENERDÌ 금 ORO	금	요	일					
SABATO 토 TERRA	토	요	일					
DOMENICA 일 DOMENICA	일	요	일					

Esercitati a scrivere i mesi dell'anno nella tabella qui in basso:

I nomi dei mesi non sono altro che numeri sino-coreani che aggiungono la parola 월 (wol) che significa, appunto, 'mese'. Ad esempio, 1월 è gennaio, 2월 è febbraio e così via. Ci sono due sole eccezioni (segnate con *) che presentano una lieve alterazione che ne facilita la pronuncia: giugno è 유월 (e non 육월) mentre ottobre 시월 (non 십월).

GENNAIO 1월	일	월				
FEBBRAIO 2월	이	월				
MARZO 3월	삼	월				
APRILE 4월	사	월				
MAGGIO 5월	오	월				
GIUGNO 6월	유	월				
LUGLIO 7월	칠	월				
AGOSTO 8월	팔	월				
SETTEMBRE 9월	구	월				
OTTOBRE * 10월	시	월				
NOVEMBRE 11월	십	일	월			
DICEMBRE 12월	십	이	월			

COLORI

Dopo aver memorizzato l'alfabeto e imparato i numeri e le date, solitamente il passo successivo è imparare i colori.

Negli elenchi che seguono troverai i nomi dei colori, generalmente usati sia come sostantivi che come aggettivi. Noterai che terminano tutti con 색 (saek) - l'abbreviazione di 색깔 (saekkkal) - che in coreano significa, appunto, 'colore'. L'abbreviazione 색 si usa generalmente quando parliamo di un colore specifico, ma in funzione aggettivale può essere addirittura omessa per determinati colori *(di seguito segnalati con l'asterisco *)*.

Esercitati a scrivere i colori nei riquadri qui in basso:

ROSSO *	빨	간	색				
ARANCIONE	주	황	색				
GIALLO *	노	란	색				
VERDE	초	록	색				
BLU *	파	란	색				
VIOLA	보	라	색				
ROSA	분	홍	색				
BIANCO *	하	얀	색				
NERO *	검	정	색				
GRIGIO	회	색					

Esercitati a scrivere altri colori nei riquadri qui in basso:

ORO	금	색							
ARGENTO	은	색							
BRONZO	청	동	색						
MARRONE	갈	색							
BLU MARINO	곤	색							
CELESTE	하	늘	색						
VERDE SCURO	초	록							
VERDE CHIARO-	연	두	색						
TURCHESE	청	록	색						
TANNO	황	갈	색						
PETROLIO	비	취	색						
BEIGE	베	이	지	색					
PESCA	복	숭	아	색					
ARCOBALENO	무	지	개	색					

GLOSSARI

Nelle pagine che seguono ti proponiamo una selezione di vocaboli di base suddivisi per tema. Imparare il vocabolario è un compito spesso sottovalutato dai principianti. Oltre a padroneggiare l'alfabeto hangul, è invece fondamentale coltivare anche una buona conoscenza delle parole di uso quotidiano, che ti torneranno molto utili quando passerai a un livello più avanzato della lingua. Disporre di un buon vocabolario è indispensabile quando si arriva a studiare la grammatica e a formare frasi di senso compiuto. Ti consigliamo di ricopiare le parole e creare nuove liste. Questo esercizio ti aiuterà a ripetere e a memorizzare i nuovi vocaboli, e a interiorizzarli anche attraverso la tua grafia. Nella parte conclusiva di questo manuale abbiamo inserito diverse griglie vuote dove potrai esercitarti nella scrittura e, se lo desideri, puoi anche fotocopiarle (solo per uso personale).

CIBO 음식 E ALIMENTAZIONE 먹기

식사	*pasto*	접시	*piatto*
아침(식사)	*colazione*	그릇	*ciotola*
점심(식사)	*pranzo*	냄비	*ciotola*
저녁(식사)	*cena*	탁자	*tavolo*
과자	*merenda*	음료수	*bevande*
고기	*carne*	물	*acqua*
돼지고기	*maiale*	콜라	*coca cola*
소고기	*manzo /bovino*	맥주	*birra*
닭고기	*pollo*	사이다	*sidro*
해물	*grutti di mare*	켄	*lattina*
재료	*ingredienti*	병	*bottiglia*
김치	*kimchi*	우유	*latte*
반찬	*contorno*	냉면	*noodle freddi*
식당	*ristorante*	밥	*riso*
메뉴	*menu*	볶음밥	*riso fritto*
젓가락	*bacchette*	만두	*gnocchi*
칼	*coltello*	어묵	*polpetta di pesce*
포크	*forchetta*	전	*pancake*
숟가락	*cucchiaio*		
도마	*tagliere*		

FRUTTA 과일 E VERDURA 채소

사과	*mela*	바나나	*banana*
오렌지	*arancia*	파파야	*papaya*
귤	*mandarino*	마늘	*aglio*
승도복숭아	*nettarina*	양파	*cipolla*
포도	*uva*	당근	*carota*
배	*pera*	감자	*potato*
멜론	*melone*	고구마	*patata dolce*
수박	*anguria*	브로콜리	*broccoli*
레몬	*limone*	버섯	*funghi*
라임	*lime*	양배추	*cavolo*
딸기	*fragola*	완두콩	*piselli*
산딸기	*fragola*	옥수수	*mais*
블루베리	*mirtillo*	부추	*porro*
블랙베리	*mora*	순무	*rapa*
크랜베리	*ossicocco*	호박	*zucca*
체리	*ciliegia*	토마토	*pomodoro*
복숭아	*pesca*	상추	*lattuga*
살구	*albicocca*	오이	*cetriolobell*
자두	*prugna*	피망	*peperone dolce*
키위	*kiwi*	셀러리	*sedano*
망고	*mango*	아보카도	*svocado*
파인애플	*ananas*	샐러드	*insalata*
자몽	*pompelmo*	올리브	*olive*
석류	*melograno*	애호박	*zucchine*
코코넛	*cocco*	껍질콩	*fagiolini*
피타야	*frutto del drago*	무	*radicchio*
두리안	*durian*	견과	*noci*
대추	*giuggiolo*	아몬드	*mandorle*
금귤	*kumquat*	땅콩	*arachidi*

NEGOZI 쇼핑 & VESTITI 옷

식료품	drogheria	사다	comprare
가게	negozio	바지	pantaloni
약국	farmacia	청바지	jeans
빵집	forno	모자	cappello
열림 / 닫힘	aperto/chiusosu	반바지	pantaloncini
슈퍼마켓	supermarket	치마	gonna
쇼핑센터	centro commerciale	양말	calze
백화점	grande magazzino	신발	scarpe
(전통)시장	mercato (Tradizionale)	원피스	vestito
편의점	minimarket	운동화	scarpe da ginnastica
서점	libreria	양복	abito
꽃집	fioraio	안경	occhiali
영업시간	orari di apertura	셔츠	camicia
돈	soldi	하이힐	tacchi Alti
현금	contanti	티셔츠	t-Shirt
신용 카드	carta di credito	재킷	giacca
체크 카드	carta di debito	드레스	vestito
할인	sconto	파자마	pigiama
반값	metà Prezzo	브라	reggiseno
싸다	economico	팬티	biancheria intima
저렴하다	conveniente	코트	cappotto
가격표	cartellino del prezzo	구두	scarpe eleganti
기념품	souvenir		
보증서	garanzia		
환불	rimborso		
교환	scambio		
영수증	ricevuta		
세금	tassa		
쿠폰	coupon		

TEMPO 날씨 & VIAGGI 여행

기온	temperatura
여름	estate
겨울	inverno
가을	autunno
봄	primavera
하늘	cielo
구름	nuvole
이슬비	pioggia lieve
눈바람	bufera di neve
비	pioggia
눈	neve
번개	fulmine
천둥	tuono
소나기	acquazzone
태풍	tifone
우산	ombrello
비옷	giacca da pioggia
장마	stagione delle piogge
해	sole
가뭄	siccità
자외선	raggi Uv
해변	spiaggia
바다	oceano
에어컨	vondizionatore
공기	aria
바람	vento
폭염	ondata di caldo
건조하다	asciutto
습하다	umido
맑다	limpido
쌀쌀하다	gelido
영하	sotto zero
영상	sopra lo zero
기후	clima
국내 여행	gita
해외 여행	viaggio all'estero
비행기	aereo
공항	aeroporto
해외	paese Straniero
버스	autobus
버스 정류장	fermata dell'autobus
역	stazione
버스 정류장	stazione degli autobus
여권	passaporto
지하철	metropolitana
택시	taxi
입장시간	orario di apertura
마감시간	orario di chiusura
숙소	alloggio
짐	bagaglio
지도	mappa
관광 가이드	guida turistica
표	biglietto
다리	ponte
바다	mare
등대	faro
해변	spiaggia
산	montagna

CASA 집 E ABITAZIONE 가정

아파트	appartamento
방	camera
바닥	pavimento
천장	soffitto
일층	primo piano
지하실	seminterrato
다락방	attico
계단	scale
정원	giardino
창문	finestra
식물	pianta
화분	vaso di fiori
주방 / 부엌	cucina
싱크대	lavello (cucina)
세탁기	lavatrice
마이크로웨이브	microonde
냉장고	frigorifero
냉동고	congelatore
난로	stufa
식기세척기	lavastoviglie
오븐	forno
주전자	bollitore
토스터	tostapane
컵	tazza
벽장	credenza
후라이팬	padella
냄비	pentola
거실	soggiorno
가구	mobili
티비	TV
텔레비전	televisione
소파	divano
의자	sedia
탁자	tavolo
식탁	tavolo da pranzo
책장	libreria
라디오	radio
그림	quadro
페인팅	dipinto
침실	camera da letto
침대	letto
베개	cuscino
자명종	sveglia
옷장	guardaroba
깔개	tappeto
램프	lampada
전구	lampadina
거울	specchio
포스터	poster
책상	scrivania
컴퓨터	computer
화장실	bagno
변기	toilette
샤워	doccia
욕조	vasca da bagno
싱크	lavandino
약상자	armadietto dei medicinali

PARTI DEL CORPO 몸

머리	*testa*	가슴	*petto*
이마	*fronte*	등	*schiena*
눈	*occhio*	허리	*vita*
귀	*orecchio*	배꼽	*ombelico*
귓불	*lobo dell'orecchio*	다리	*gamba*
코	*naso*	허벅지	*coscia*
입	*bocca*	무릎	*ginocchio*
입술	*labbra*	종아리	*polpaccio*
혀	*lingua*	발	*piede*
볼/뺨	*guancia*	발목	*caviglia*
이/치아	*dente/denti*	발톱	*unghia del piede*
턱	*mento*	발꿈치	*tallone*
목	*collo*	발바닥	*pianta*
목구멍	*gola*	발가락	*dito del piede*
어깨	*spalla*	근육	*muscolo*
쇄골	*clavicola*	뼈	*osso*
팔	*braccio*	심장	*cuore*
팔목	*polso*	피 / 혈액	*sangue*
팔꿈치	*gomito*	위	*stomaco*
손	*mano*	머리카락	*capelli*
손바닥	*palmo della mano*	수염	*barba*
주먹	*pugno*	콧수염	*baffi*
손가락	*dito*	눈썹	*sopracciglio*
엄지손가락	*pollice*	얼굴	*viso*
집게손가락	*indice*	피부	*pelle*
약지	*anulare*	점	*macchia*
손톱	*unghia*	보조개	*fossetta*
중지	*dito medio*	여드름	*brufolo*
새끼 손가락	*mignolo*	주근깨	*lentiggine*

TELEFONO 전화

메시지	*messaggio*
지도	*mappa*
카메라	*fotocamera*
사진	*fotografia*
갤러리	*galleria*
시계	*orologio*
미리알림	*promemoria*
캘린더	*calendario*
주소록	*contatti*
계산기	*calcolatrice*
음악	*musica*
소리	*suono*
방해금지 모드	*non disturbare*
제어 센터	*modalità*
에어플레인	*pannello di controllo*
모드	*modalità aereo*
알림	*notifica*
(홈)화면	*schermata iniziale*
잠그화면	*schermata di blocco*
설정	*impostazioni*
와이파이	*Wi-Fi*
개인용 핫스팟	*hotspot*
이동통신사	*rete mobile*
셀룰러	*cellulare*
모바일 데이터	*dati mobili*
전원 끄기	*spegnimento*
번역	*traduttore*
앱	*app*
메모리	*memoria*
로그인	*login*
비밀번호	*password*
선택	*selezionare*
복사	*copia*
붙여넣기	*incolla*
이동	*sposta*
지르기	*ritagliare*
이름 변경	*rinominare*
계속	*continua*
취소	*annulla*
입력	*input*
수신함	*posta in arrivo*
오전	*sono*
오후	*pm*
좋아하다	*piacere*
팔로워	*seguaci*
페이지	*pagina*
활동	*attività*
새 포스트	*nuovo postto*
리블로그하다	*ripubblicare*
임시 저장	*bozze*
답하기	*risposta*
위치	*posizione*
익명으로	*anonimo*
배터리 전원	*batteria scarica*

LAVORO 직업

직장	posto di lavoro
경력	carriera
이력서	riprendere
면접	colloquio di lavoro
고용주	datore di lavoro
연봉	stipendio annuale
월급	stipendio mensile
동료	collega
회의	riunione
출장	viaggio d'affari
퇴직자	pensionato
선생님	insegnante
교수님	professore
연구원	ricercatore
학생	studente
간호사	infermiera
치과의사	dentista
의사	medico
군인	soldato
요리사	cuoco/cuoca
변호사	avvocato
비서	segretaria
은행가	banchiere
작가	scrittore/autore
기자	giornalista
엔지니어	ingegnere
과학자	scienziato
디자이너	progettista
정비사	meccanico
바텐더	barista
전기기사	elettricista
경찰	agente di polizia
소방관	pompiere
배관공	idraulico
어부	pescatore
정육점	macellaio
목수	carpentiere
건축가	architetto
조종사	pilota
약사	farmacista
점원	commesso di negozio
정원사	giardiniere
수의사	veterinario
미용사	parrucchiere
운동선수	atleta
노동자	lavoratore
수리 기사	riparatore
사진사	fotografo
프로그래머	programmatore
가수	cantante
배우	attore
사무원	impiegato d'ufficio
농장주/농부	agricoltore
택시기사	tassista
기술자	tecnico
보모	tata
예술가	artista
회계사	contabile

ANIMALI 동물 E INSETTI 벌레

애완동물	animale domestico	오리	anatra
개	cane	비둘기	piccione
강아지	cucciolo	거위	oca
고양이	gatto	독수리	aquila
새	uccello	뱀	serpente
물고기	pesce	북극곰	orso polare
코끼리	elefante	캥거루	canguro
사자	leone	돌고래	delfino
호랑이	tigre	상어	squalo
곰	orso	오징어	calamaro
기린	giraffa	문어	polpo
얼룩말	zebra	게	granchio
고릴라	gorilla	장어	anguilla
원숭이	scimmia	나비	farfalla
판다	panda	다람쥐	scoiattolo
하마	ippopotamo	오소리	tasso
코뿔소	rinoceronte	토끼	coniglio
고래	balena	햄스터	criceto
거북이	tartaruga	기니피그	porcellino d'India
악어	coccodrillo	개구리	rana
거미	ragno	늑대	lupo
벌	ape	사슴	cervo
개미	formica	여우	volpe
소	mucca	칠면조	tacchino
염소	capra	도마뱀	lucertola
양	pecora	표범	leopardo
말	cavallo	치타	ghepardo
돼지	maiale	펭귄	pinguino
앵무새	pappagallo	침팬지	scimpanzé

FAMIGLIA 가족

가족	*famiglia*
아이들	*bambini*
아들	*figlio*
딸	*figlia*
아이	*bambino*
부모(님)	*genitori*
어머니	*madre (formale)*
어머님	*madre (onorifico)*
엄마	*mamma (informale)*
아버지	*padre (formale)*
아버님	*padre (onorifico)*
아빠	*papà (informale)*
조부모(님)	*nonni*
할아버지	*nonno*
할아버님	*nonno (onorifico)*
할머니	*nonna*
할머님	*nonna (onorifico)*
배우자	*coniuge*
남편	*marito*
아내	*moglie*
형제자매	*fratelli (generale)*
형제	*fratelli*
자매	*sorelle*
누나	*sorella maggiore (per maschio)*
형	*fratello maggiore (per maschio)*
언니	*sorella maggiore (per donna)*
오빠	*fratello maggiore (per donna)*
여동생	*fatesorella minore*
남동생	*fratello minore*

HOBBY 취미

여행	*viaggio*
외국어	*lingua straniera*
요리	*cucina*
독서	*lettura*
운동	*esercizio*
독서	*leggere libri*
영화 감상	*guardare film*
비디오 게임	*videogiochi*
스포츠	*sports*
축구	*calcio*
야구	*baseball*
농구	*pallacanestro*
수영	*nuoto*
조깅	*jogging*
테니스	*tennis*
골프	*golf*
스키	*sci*
미식축구	*calcio*
배구	*pallavolo*
태권도	*taekwondo*
등산	*fare escursioni*
달리기	*corsa*
춤	*danza*
가요	*K-pop*
미술	*arte visiva*
낮잠	*pisolino*
휴가	*vacanza*
문화	*cultura*
수다	*chat*

QUIZ RAPIDO! D

Metti alla prova la tua memoria!

1

사	
구	
이	
칠	

2

8	
3	
5	
1	

3

이십삼	
육십구	
십육	
삼십팔	

4 Quante parole coreane sono di origine cinese (approssimativamente)?

A. **all** B. **1/3**
C. **2/3** D. **La metà** _____

5 Come si dice "lunedì" (il giorno della luna) in coreano?

A. **화요일** B. **목요일**
C. **일요일** D. **월요일** _____

6 Come viene chiamato l'undicesimo mese (Novembre) in coreano?

A. **십일월** B. **삼이월**
C. **십이월** D. **삼일월** _____

7 Quale colore rappresenta il seguente carattere **파란색**?

A. **blu** B. **bianco**
C. **nero** D. **giallo**
E. **verde** F. **rosso** _____

8

사백십육	
팔백십이	
삼백이십일	

9

540	
199	
704	

(Vedi le risposte a pagina 128)

Parte 8

TABELLE DI RIFERIMENTO E RISPOSTE

		ㅏ a	ㅑ ya	ㅓ eo	ㅕ yeo	ㅗ o	ㅛ yo	ㅜ u	ㅠ yu	ㅡ eu	ㅣ i
ㄱ	g	가 ga	갸 gya	거 geo	겨 gyeo	고 go	교 gyo	구 gu	규 gyu	그 geu	기 gi
ㅋ	k	카 ka	캬 kya	커 keo	켜 kyeo	코 ko	쿄 kyo	쿠 ku	큐 kyu	크 keu	키 ki
ㄴ	n	나 na	냐 nya	너 neo	녀 nyeo	노 no	뇨 nyo	누 nu	뉴 nyu	느 neu	니 ni
ㄷ	d	다 da	댜 dya	더 deo	뎌 dyeo	도 do	됴 dyo	두 du	듀 dyu	드 deu	디 di
ㅌ	t	타 ta	탸 tya	터 teo	텨 tyeo	토 to	툐 tyo	투 tu	튜 tyu	트 teu	티 ti
ㄹ	r/l	라 ra	랴 rya	러 reo	려 ryeo	로 ro	료 ryo	루 ru	류 ryu	르 reu	리 ri
ㅁ	m	마 ma	먀 mya	머 meo	며 myeo	모 mo	묘 myo	무 mu	뮤 myu	므 meu	미 mi
ㅂ	b	바 ba	뱌 bya	버 beo	벼 byeo	보 bo	뵤 byo	부 bu	뷰 byu	브 beu	비 bi
ㅍ	p	파 pa	퍄 pya	퍼 peo	펴 pyeo	포 po	표 pyo	푸 pu	퓨 pyu	프 peu	피 pi
ㅅ	s	사 sa	샤 sya	서 seo	셔 syeo	소 so	쇼 syo	수 su	슈 syu	스 seu	시 si
ㅈ	j	자 ja	쟈 jya	저 jeo	져 jyeo	조 jo	죠 jyo	주 ju	쥬 jyu	즈 jeu	지 ji
ㅊ	ch	차 cha	챠 chya	처 cheo	쳐 chyeo	초 cho	쵸 chyo	추 chu	츄 chyu	츠 cheu	치 chi
ㅇ	ng	아 a	야 ya	어 eo	여 yeo	오 o	요 yo	우 u	유 yu	으 eu	이 i
ㅎ	h	하 ha	햐 hya	허 heo	혀 hyeo	호 ho	효 hyo	후 hu	휴 hyu	흐 heu	히 hi

		ㅐ ae	ㅒ yae	ㅔ e	ㅖ ye	ㅚ oe	ㅘ wa	ㅙ wae	ㅟ wi	ㅝ wo	ㅞ we	ㅢ ui
ㄱ	g	개 gae	걔 gyae	게 ge	계 gye	괴 goe	과 gwa	괘 gwae	귀 gwi	궈 gwo	궤 gwe	긔 gui
ㅋ	k	캐 kae	컈 kyae	케 ke	켸 kye	쾨 koe	콰 kaw	쾌 kwae	퀴 kwi	쿼 kwo	퀘 kwe	킈 kui
ㄴ	n	내 nae	냬 nyae	네 ne	녜 nye	뇌 noe	놔 nwa	놰 nwae	뉘 nwi	눠 nwo	눼 nwe	늬 nui
ㄷ	d	대 dae	댸 dyae	데 de	뎨 dye	되 doe	돠 dwa	돼 dwae	뒤 dwi	둬 dwo	뒈 dwe	듸 dui
ㅌ	t	태 tae	턔 tyae	테 te	톄 tye	퇴 toe	톼 twa	퇘 twae	튀 twi	퉈 two	퉤 twe	틔 tui
ㄹ	r/l	래 rae	럐 ryae	레 re	례 rye	뢰 roe	롸 rwa	뢔 rwae	뤼 rwi	뤄 rwo	뤠 rwe	릐 rui
ㅁ	m	매 mae	먜 myae	메 me	몌 mye	뫼 moe	뫄 mwa	뫠 mwae	뮈 mwi	뭐 mwo	뭬 mwe	믜 mui
ㅂ	b	배 bae	뱨 byae	베 be	볘 bye	뵈 boe	봐 bwa	봬 bwae	뷔 bwi	붜 bwo	붸 bwe	븨 bui
ㅍ	p	패 pae	퍠 pyae	페 pe	폐 pye	푀 poe	퐈 pwa	퐤 pwae	퓌 pwi	풔 pwo	풰 pwe	픠 pui
ㅅ	s	새 sae	섀 syae	세 se	셰 sye	쇠 soe	솨 swa	쇄 swae	쉬 swi	숴 swo	쉐 swe	싀 sui
ㅈ	j	재 jae	쟤 jyae	제 je	졔 jye	죄 joe	좌 jwa	좨 jwae	쥐 jwi	줘 jwo	줴 jwe	즤 jui
ㅊ	ch	채 chae	챼 chyae	체 che	쳬 chye	최 choe	촤 chwa	쵀 chwae	취 chwi	춰 chwo	췌 chwe	츼 chui
ㅇ	-ng	애 ae	얘 yae	에 eo	예 ye	외 oe	와 wa	왜 wae	위 wi	워 wo	웨 we	의 ui
ㅎ	h	해 hae	햬 hyae	헤 he	혜 hye	회 hoe	화 hwa	홰 hwae	휘 hwi	훠 hwo	훼 hwe	희 hui

		ㅐ ae	ㅒ yae	ㅔ e	ㅖ ye	ㅚ oe	ㅘ wa	ㅙ wae	ㅟ wi	ㅝ wo	ㅞ we	ㅢ ui
ㄲ	gg	깨 ggae	깨 ggyae	께 gge	꼐 ggye	꾀 ggoe	꽈 ggwa	꽤 ggwae	뀌 ggi	꿔 ggwo	꿰 ggwe	끠 ggui
ㄸ	dd	때 ddae	떄 ddyae	떼 dde	뗴 ddye	뙤 ddoe	똬 ddaw	뙈 ddwae	뛰 ddi	뚸 ddwo	뛔 ddwe	띄 ddui
ㅃ	bb	빼 bbae	뺴 bbyae	뻬 bbe	뼤 bbye	뾔 bboe	빠 bbwa	뽸 bbwae	쀠 bbi	뿨 bbwo	쀄 bbwe	쁴 bbui
ㅆ	ss	쌔 ssae	썌 ssyae	쎄 sse	쎼 ssye	쐬 ssoe	쏴 sswa	쐐 sswae	쒸 ssi	쒀 sswo	쒜 sswe	씌 ssui
ㅉ	jj	째 jjae	쨰 jjyae	쩨 jje	쪠 jjye	쬐 jjoe	쫘 jjwa	쫴 jjwae	쮜 jji	쭤 jjwo	쮀 jjwe	쯰 jjui

Ricorda che non occorre memorizzare ogni possibile carattere. Una volta che avrai imparato le lettere hangul di base e la loro ortografia, sarai in grado di leggere e scrivere tutte le possibili combinazioni.

N.B.: teoricamente esistono centinaia, migliaia di possibili combinazioni sillabiche. Molte di esse, tuttavia, sono usate raramente nel coreano di tutti i giorni, e ce ne sono altre che non si usano proprio mai!

		ㅏ a	ㅑ ya	ㅓ eo	ㅕ yeo	ㅗ o	ㅛ yo	ㅜ u	ㅠ yu	ㅡ eu	ㅣ i
ㄲ	gg	까 gga	꺄 ggya	꺼 ggeo	껴 ggyeo	꼬 ggo	꾜 ggyo	꾸 ggu	뀨 ggyu	끄 ggeu	끼 ggi
ㄸ	dd	따 dda	땨 ddya	떠 ddeo	뗘 ddyeo	또 ddo	뚀 ddyo	뚜 ddu	뜌 ddyu	뜨 ddeu	띠 ddi
ㅃ	bb	빠 bba	뺘 bbya	뻐 bbeo	뼈 bbyeo	뽀 bbo	뾰 bbyo	뿌 bbu	쀼 bbyu	쁘 bbeu	삐 bbi
ㅆ	ss	싸 ssa	쌰 ssya	써 sseo	쎠 ssyeo	쏘 sso	쑈 ssyo	쑤 ssu	쓔 ssyu	쓰 sseu	씨 ssi
ㅉ	jj	짜 jja	쨔 jjya	쩌 jjeo	쪄 jjyeo	쪼 jjo	쬬 jjyo	쭈 jju	쮸 jjyu	쯔 jjeu	찌 jji

ESERCITAZIONI SULLE SILLABE PAGINA 87-89

ㄱ ㅏ ㅈ	갖	ㅍ ㅑ ㄹㅁ	퍎	ㄱ ㅖ ㄹㅁ	곔
ㅁ ㅛ ㅈ	묮	ㅂ ㅐ ㄹㅐ	뱁	ㄲ ㅘ ㄹㅐ	꽒
ㅂ ㅜ ㅎ	붛	ㄹ ㅘ ㄹㅅ	뢄	ㅁ ㅡ ㄲ	믂
ㄲ ㅣ ㄹ	낄	ㅈ ㅠ ㄹㅌ	쥱	ㅋ ㅑ ㄹㅅ	꺉
ㅍ ㅐ ㄹㅐ	퍮	ㅃ ㅑ ㄹㅍ	뺥	ㅈ ㅐ ㄹㅌ	잹
ㅅ ㅔ ㄹㅐ	셻	ㄴ ㅙ ㄲ	놲	ㅃ ㅛ ㄹㅍ	뾻
ㅈ ㅑ ㄹㅅ	쟎	ㅎ ㅗ ㄹㅎ	홇	ㅊ ㅏ ㅎ	찷
ㅃ ㅓ ㄹㅌ	뻩	ㅂ ㅣ ㅄ	빖	ㅌ ㅠ ㄹㅌ	튩
ㅊ ㅠ ㄹㅍ	츒	ㅁ ㅟ ㅈ	뮞	ㅂ ㅙ ㅄ	봾
ㅌ ㅕ ㅎ	텷	ㄸ ㅏ ㄹㅐ	땲	ㅍ ㅗ ㅈ	폿
ㄹ ㅗ ㅄ	롮	ㅅ ㅜ ㄹㅌ	숱	ㄹ ㅢ ㅎ	릻
ㄷ ㅐ ㅈ	댖	ㄴ ㅝ ㅈ	눢	ㄷ ㅣ ㄹ	딜
ㅋ ㅡ ㄹㅐ	큶	ㅉ ㅙ ㅎ	쨻	ㅋ ㅐ ㄹㅐ	캠
ㅆ ㅜ ㄹㅌ	쑡	ㄷ ㅖ ㄹ	델	ㅎ ㅛ ㅈ	횻

RISPOSTE

QUIZ A PAGINA 48

1. **A** La 'o aperta' di yogurt
2. **B** 피
3. **D** ㅇ
4. **C** ㅈ
5. **C** 3
6. **B** 4
7. **C** ㅣ
8. **A C F G**
9. **B** ㄷ
10. **D** La 'g' di gomma

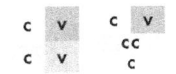

QUIZ B PAGINA 78

1. **D** La 'ie' di ieri
2. **B** 11
3. **B G H**
4. **C** 키위
5. **A** La 'ui' di oui (francese)
6. **A** 6
7. **B** ㅒ
8. **D** ㅃ
9. **C** computer
10. 한글

QUIZ C PAGINA 90

1. **B** Come 'c' di tacco
2. **C** 11
3. **D** 리
4. **B** 7
5. **C** Come 'l' in lampada
6. **B** Come 'c' di tacco
7. **A** [말께]
8. **B** ㄳ
9. **D** [갑슬]
10. **C** Come 'l' in lampada

QUIZ D PAGINA 122

1. 4 = 사
   9 = 구
   2 = 이
   7 = 칠
2. 8 = 팔
   3 = 삼
   5 = 오
   1 = 일
3. 23 = 이십삼
   69 = 육십구
   16 = 십육
   38 = 삼십팔
4. **C** 2/3
5. **D** 월요일
6. **A** 십일월
7. **A** blue
8. 416 = 사백십육
   812 = 팔백십이
   321 = 삼백이십일
9. 540 = 오백사십
   199 = 백구십구
   704 = 칠백사

Parte 9

ESERCITIAMOCI!
GRIGLIE PER LA PRATICA

PARTE 10

FLASH CARDS

DA FOTOCOPIARE O RITAGLIARE E CONSERVARE

ス	ヨ	レ	コ
ズ	ラ	ロ	ヱ
ヰ	ル	リ	フ
ヒ	ヨ	エ	ヱ

DIGEUT
디귿

INIZIALE d come la 'd' in duomo
FINALE t come la seconda 't' in torta

NIEUN
니은

INIZIALE n come la 'n' in no
FINALE n come la 'n' in cane (più dolce)

KIEUK
키읔

INIZIALE C come la 'c' in chiaro
FINALE C come la 'c' in casa

GIYEOK
기역

INIZIALE g come la 'g' in gomma
FINALE C come la 'c' in tacco

BIEUP
비읍

INIZIALE b come la 'b' in bambola
FINALE P come la 'p' in topo

MIEUM
미음

INIZIALE M come la "m" in mamma
FINALE M come la "m" in samba (più dolce)

RIEUL
리을

INIZIALE R come la "r" in rana
FINALE L come la "l" in sole

TIEUT
티읕

INIZIALE T come la "t" in torre
FINALE T come la "t" in notte

CHIEUT
치읓

INIZIALE C come la 'c' in ciao
FINALE T come la 't' in salto

JIEUT
지읒

INIZIALE G come la 'g' in giacca
FINALE T come la 't' in corto

SIOT
시옷

INIZIALE S come la 's' in sera
FINALE T come the 't' in carta

PIEUP
피읖

INIZIALE P come la 'p' in pizza
FINALE P come la 'p' in scarpa

ㅑ	ㅗ	ㅎ	ㅇ
ㅠ	ㅜ	ㅏ	ㅓ
ㅣ	ㅡ	ㅕ	ㅜ

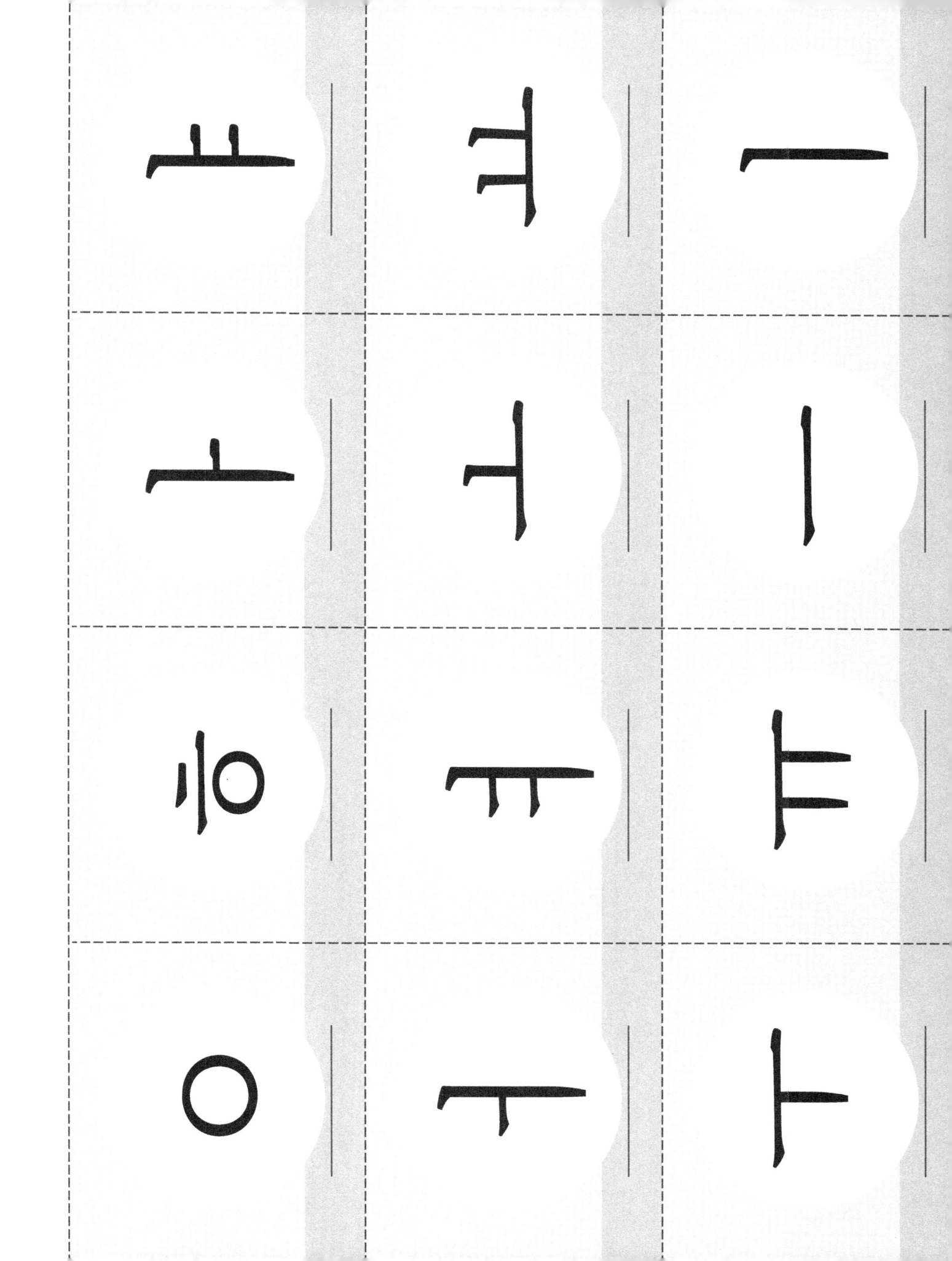

'YA'

Pronunciato come la 'ia' di sciarpa
Si pronuncia sempre 'a', ma preceduta da un suono morbido simile alla "y".

'YO'

Pronunciato come la "yo" con la 'o chiusa' di yoga
Si pronuncia 'o', ma preceduta da un suono morbido simile alla "y".

'I'

Pronunciato come la 'ee' ('i' allungata) inglese di green (sentire) o sleep (dormire)
Schiacciando la bocca e avvicinando i denti (non chiusi)

'A'

Pronunciato come la "a" di padre

'O'

Pronunciato come la 'o chiusa' di mano
Bocca a forma di O tenendo ferme le labbra.

'EU'

Come l'onomatopea 'ugh' di disgusto
Suono neutro a metà tra "o" e "u", pronunciato a denti stretti (non chiusi) e schiacciando gli angoli della bocca verso il basso.

HIEUT

INIZIALE la 'h' in house (casa in inglese - suono aspirato)

FINALE la 't' in porto

'YEO'

Pronunciato come la 'yo' con la 'o aperta' di yogurt.
Si pronuncia 'o' aperta preceduta da un suono morbido simile alla "y".

'YU'

Pronunciato come la parola inglese 'you'
Si pronuncia 'u', ma preceduta da un suono morbido simile alla "y".

IEUNG

INIZIALE Muta (non si pronuncia)

FINALE come la 'ng' in angolo

'EO'

Pronunciato come la "o aperta" di bosco.
Aprendo bene la bocca e tenendo le labbra ferme.

'U'

Pronunciato come la 'u' di cuore, ma più allungata
Con le labbra protese in avanti e a forma circolare

교	어	ㅑ
여	야	ㅕ
에	아	ㅐ
우	오	ㅒ

'YE'

Come la 'e' con la 'e chiusa' come in ieri

Pronunciata come ㅔ con suono morbido simile alla "i".

'E'

la 'e chiusa' di cena o seme

Difficilmente distinguibile dal suono più lungo della lettera ㅐ

'YAE'

'Ye' con la 'e aperta' simile all'esclamazione inglese 'yeah'

Pronunciata come ㅐ ma preceduta da un suono morbido simile alla "i".

'AE'

Pronunciata come la 'e' di sella

Difficilmente distinguibile dal suono più breve della lettera ㅔ.

'WI'

Come oui (sì) in francese

Simile a 'u-i' ma in un unico suono morbido.

'WAE'

"we" con la 'w' dolce e la "e" chiusa di web

Simile a 'u-eh', difficilmente distinguibile da 외 (oe)

'WA'

'wa' in Taiwan, con la 'w' dolce

Simile a 'u-ah' ma in un unico suono morbido

'OE'

'Woe', come nel classico saluto napoletano 'wè'

Simile a 'u-eh' ma in un unico suono morbido.

SSANG GIYEOK

쌍기역

Pronunciato come la 'g' in grappolo (più accentuata).

Simile alla ㄱ (giyeok) ma più forte e teso

'UI'

'Ui' come in "qui" ma preceduta da un suono dolce 'w'

Simile a 'uu-i' ma in un unico suono dolce

'WE'

"we" con la 'w' dolce e la "e" chiusa di web

Simile a 'u-eh', difficilmente distinguibile da 외 (oe)

'WO'

La 'wo' in wok, con la 'w' morbida

Simile a 'uh-o' ma in un unico suono morbido.

ㄸ	ㅃ	ㅆ	ㅉ

SEMPLIFICAZIONE DI SUONO 받침	CONSONANTI COMPLESSE 곁받침	SUONI ASSIMILATI ㄹ	UNIONE DEI SUONI 음 ㅁ

EFFETTO ASPIRATO DI ㅎ	EFFETTO PALATALE DI 이/히	ASSIMILAZIONE NASALE ㅁ/ㅇ	INTENSIFICAZIONE DI SUONO 잡b

SSANG JIEUT

쌍지읏

come 'cc' in salsiccia.
suono simile alla ㅈ (jieut) ma più teso.

RISILLABAZIONE

Consonante finale seguita da una vocale iniziale con unione di suono.

먹어 머거 음악 으막

- ㅇ finale non assimilata
- ㅎ finale sorda/debole

ㄴ+ㄹ
ㄹ+ㄴ > ㄹ+ㄹ

Crea un doppio suono 'L'

altrimenti....

ㄹ+ㄹ > ㄹ

Crea un singolo suono 'L'

INTENSIFICAZIONE

ㄱㄷㅂㅅㅈ seguite da 받침 si raddoppiano in ㄲ ㄸ ㅃ ㅆ ㅉ

젓가락   덥지   잡지

La ㅎ in posizione finale intensifica solo la ㅅ, iniziale, originando un suono ㅆ

SSANG SIOT

쌍시읏

come 'ss' di sasso.
suono simile alla ㅅ (siot) ma più teso.

Seguito da una consonante:

ᆬ ᆶ ᆲ
ᆱ ᆪ ᆭ > PRONUNCIATA PER PRIMA
ᆰ ᆭ ᆹ

Seguita da una vocale:

DIVIDERE IL SUONO
- UNIRLO AL SECONDO
- PRONUNCIARLI INSIEME > PRONUNCIATA PER SECONDA

Sono presenti eccezioni

PALATALIZZAZIONE

ㄷ + 이 > 지
ㅌ + 이 > 치
ㄷ + 히 > 치

Realizzazione di nuovi suoni a una certa velocità con determinate combinazioni di lettere.

SSANG BIEUP

쌍비읍

come la 'b' di barca o banana.
suono simile alla ㅂ (bieup) ma più teso.

ㄱ+ㄴ/ㅁ > ㄱ=ㅇ
ㅂ+ㄴ/ㅁ > ㅂ=ㅁ
ㄷ+ㄴ/ㅁ > ㄷ=ㄴ

Nota: ㄱ+ㄹ > ㅇ=ㄴ

Quando i suoni semplificati incontrano i suoni nasali ㅁ ㅇ ㄴ 받침

SSANG DIGEUT

쌍디귿

la 'd' in domani.
Suono simile alla ㄷ (digeut) ma più forte e teso.

ㄲ ㅋ > ㄱ
ㅌ ㅎ ㅅ > ㄷ
ㅈ ㅊ ㅆ
ㅍ > ㅂ

Cambiamenti di suono come consonanti finali

ㄱ
ㄷ +ㅎ OR ㅎ+ ㄷ > ㅌ
ㅂ   ㅂ > ㅍ
ㅈ   ㅈ > ㅊ

Suoni consonantici rafforzati

day ㅎ

감사합니다
(gam-sa-ham-ni-da)
Ringraziamenti

Grazie per aver scelto il nostro libro!

Ora sei sulla buona strada per imparare a leggere, a scrivere e a parlare coreano. Speriamo che il nostro manuale di hangul per principianti ti sia piaciuto.

Se imparare il coreano con noi è stato divertente, lascia una recensione e mostraci i progressi che hai raggiunto.

Accogliamo sempre con grande entusiasmo consigli su come poter eventualmente migliorare i nostri libri per i futuri studenti. La nostra missione è creare i migliori contenuti per l'apprendimento delle lingue! Sentiti libero di inviarci una e-mail se hai incontrato difficoltà con un qualsiasi contenuto di questo libro:

hello@polyscholar.com

POLYSCHOLAR

www.polyscholar.com

© Diritto d'autore 2022 Jennie Lee -
Tutti i diritti riservati

Avviso Legale: Questo libro è protetto da copyright. Questo libro è solo per uso personale. Il contenuto di questo libro non può essere riprodotto, duplicato o trasmesso senza il permesso scritto diretto dell'autore o dell'editore. Non è possibile modificare, distribuire, vendere, utilizzare, citare o parafrasare qualsiasi parte del contenuto di questo libro, senza il consenso dell'autore o dell'editore.

Printed by Amazon Italia Logistica S.r.l.
Torrazza Piemonte (TO), Italy